Andreas Malessa
Hier stehe ich, es war ganz anders
Irrtümer über Luther

Andreas Malessa

Hier stehe ich,
es war ganz anders

Irrtümer über Luther

SCM

Stiftung Christliche Medien

Der SCM Verlag ist eine Gesellschaft der Stiftung Christliche Medien, einer gemeinnützigen Stiftung, die sich für die Förderung und Verbreitung christlicher Bücher, Zeitschriften, Filme und Musik einsetzt.

4. Auflage 2015

© der deutschen Ausgabe 2015
SCM-Verlag GmbH & Co. KG
Max-Eyth-Straße 41 · 71088 Holzgerlingen
Internet: www.scmedien.de · E-Mail: info@scm-verlag.de

Die Bibelverse sind, wenn nicht anders angegeben,
folgender Ausgabe entnommen:
Lutherbibel, revidierter Text 1984, durchgesehene Ausgabe
in neuer Rechtschreibung 2006,
© 1999 Deutsche Bibelgesellschaft, Stuttgart

Umschlaggestaltung: Kathrin Spiegelberg, Weil im Schönbuch
Titelbild und Illustrationen im Innenteil:
Thees Carstens / www.theescarstens.de
Autorenfoto: Ralf Baumgarten
Satz: typoscript GmbH, Walddorfhäslach
Druck und Bindung: CPI books GmbH, Leck
Gedruckt in Deutschland
ISBN 978-3-7751-5610-3
Bestell-Nr. 395.610

Inhalt

Vorwort

Wenn eine herausragende Persönlichkeit von Millionen Fans geliebt, vom Boulevard gefeiert und von seriösen Medien gelobt wird, nennen wir sie einen »Star«, einen »Sympathieträger«. Vorhersagbar ruft das Enthüllungsjournalisten auf den Plan, die dem Publikumsliebling »die Maske vom Gesicht reißen wollen«, wie sie sagen. Reporter, die nach Schwächen und Fehlern suchen und am liebsten einen saftigen Skandal finden. Oder er-finden. Erst hochjubeln, dann runterschreiben – das sorgt zuverlässig für ein Auf und Ab der Erregungskurve in der Öffentlichkeit. Und damit für Auflage und Quote.

Ich bin kein Enthüllungsjournalist, ich will so was nicht. Mit Martin Luther machen das in gewisser Weise die Historiker. Im Ton seriös wissenschaftlich, in der Methode aber ganz ähnlich: Haben die Medien, die Kirchen und die Kulturschaffenden diese herausragende Figur der Geschichte allzu hochglanzpoliert vergoldet – und das wird zum 500-jährigen Jubiläum der Reformation im Jahre 2017 unvermeidlich der Fall sein –, dann ruft so ein Luther-Hype vorhersagbar eine Handvoll Professoren auf den Plan, die sagen: »Es war alles ganz anders.«

Ich kann das nicht behaupten. Obwohl ich das Fach Kirchengeschichte im Theologiestudium sehr mochte. Sondern? Ich habe mich auf der Straße, unter Schülern und Lehrern, Berufstätigen und Rentnern, bei Freunden und Kollegen umgehört, was sie über Martin Luther und die Reformation wissen. Und bin auf Heldenlegenden, Horrorgeschichten, richtig falsche Zitate, vor allem aber auf viele kleine Halbwahrheiten und lustige Irrtümer gestoßen. Die hab ich mir notiert. Und mit denen – und ihrer Beantwortung – würde ich Sie gerne anspruchsvoll unterhalten und erheitern.

Die »Weimarer Ausgabe der Werke Martin Luthers«, also alle Bücher, Bibelkommentare, Predigten, Tischgespräche, Vorlesungen und Aufsätze, Flugblätter und Verhandlungsprotokolle von ihm, umfasst rund 80 000 Seiten in 127 Bänden. Es gibt 2 585 Briefe, die er geschrieben hat, und 926, die an ihn geschrieben wurden. Es gibt von Martin Luther dermaßen viele Texte, dass man mit seinen Zitaten fast alles – und das jeweilige Gegenteil – belegen könnte. Erst recht mit den Zitaten zeitgenössischer Freunde und Feinde. Man könnte damit das traumatisierte Kind und den respektvollen Sohn untermauern. Den selbstquälerischen Asketen und den alkoholumnebelten Genießer. Den vulgären Grobian und den feinsinnigen Poeten. Den zärtlich-romantischen Ehemann und den herrischen Macho. Den populistischen Volksredner und das intellektuelle Genie. Luther, der schlitzohrige Politiker, Luther, der fromme Beter, Luther, der Freigeist ... Er selbst ahnte schon, was nach seinem Tode passieren würde: »Jetzt wollen alle triumphieren und jeder will seine Gedanken ausschütten. Darum saget Prediger Salomo mit Recht ›des Büchermachens ist kein Ende‹! Ihr werdet Euch noch wundern, wenn ich im Sande liege, wie viel des Bücherschreibens (über mich) sein wird!«[1]

Ich bekenne mich schuldig im Sinne der Anklage. Hab *ich* jetzt den »wahren« Luther herausdestilliert? Natürlich nicht. Aber vielleicht hab ich Sie am Ende dieses kleinen Lexikons neugierig darauf gemacht, welche Gedanken und Gefühle, welche Lebens- und Gotteserfahrungen dieses sehr fernen Mannes uns heute ganz nahe kommen. Was uns heute – und über das Jubiläumsjahr 2017 hinaus – persönlich treffen und betreffen könnte. Würde mich freuen.

Andreas Malessa

Luther war **a**bergläubisch

Im März 2014 veröffentlichte die EKD ihre fünfte soziologische Kirchenmitgliedschafts-Untersuchung unter der Überschrift »Engagement und Indifferenz«. Darin steht: »15 % der Evangelischen glauben an den Nutzen von Amuletten, Steinen oder Kristallen und 22 % haben eine Affinität (positive Haltung) zur Astrologie. Von denen, die wöchentlich am Gottesdienst teilnehmen, hängen 22 % dem Glauben an Steine an. Von denen, die nie oder seltener als mehrmals im Jahr den Gottesdienst besuchen, nur 12 %. Wenn wir dieses Ergebnis verallgemeinern, dann sind außerkirchliche Religiositätsformen *innerhalb* der Kirche wahrscheinlicher als *außerhalb*.«[2]

Auf Deutsch: Kirchgänger sind abergläubischer als Kirchenferne. Und dabei konnten ja nur die gezählt werden, die es zugeben ... Da ist man doch glatt versucht, ein Lutherwort augenzwinkernd zu zitieren, das er selbst bitterernst meinte: »Ich will Deutschland nicht aus den Sternen wahrsagen, aber ich kündige ihm den Zorn Gottes aus der Theologie an! Es ist unmöglich, dass Deutschland ohne schwere Strafen davonkommen sollte.«[3]

War Martin Luther nun abergläubisch oder nicht? Ziemlich, ja! Das ist kein Irrtum über Luther. Aber – er war's mit schlechtem Gewissen und manchmal sogar selbstironisch. Im Alter gewann er eine kritische Distanz zum Aberglauben. »Es gibt nichts Mächtigeres in der Welt als den Aberglauben, aber vor Gott ist er ein Gräuel.«[4]

Das Weltbild des mittelalterlichen Menschen ist magisch, mystisch, voller bedrohlicher Rätsel. Die Natur ist von Engeln, Teufeln, Hexen, Feen und Trollen, von Tiermenschen und Untoten bevölkert; die Kultur ist von Orakelsprüchen, Geheimnissen, Schicksalsglaube und Tabus durchzogen; Häuser und Kleidung sind mit wirkmächtigen Amuletten und Symbolen geschmückt und geschützt. Aberglaube – wir würden heute sagen: esoterisches Geraune, vermeintliches Geheimwissen, eine Spiritualisierung von Naturkräften – liegt einfach selbstverständlich in der Luft, gehört zum »Common Sense« und zum geistigen Klima der Zeit.

> Das Weltbild des mittelalterlichen Menschen ist magisch, mystisch, voller bedrohlicher Rätsel.

Margarete Luther, geborene Lindemann, Martins Mutter aus dem Dorf Möhra, verliert eine Tochter am plötzlichen Kindstod. Sie ist fest davon überzeugt, die böse Nachbarin sei in Wirklichkeit eine Hexe und habe ihre kleine Magdalene verflucht. Als die verdächtigte Frau eines Tages erschlagen auf dem Dorfanger liegt, äußert Martins Mutter keinerlei Bestürzung, sondern Erleichterung. Nun habe sich Satan eine der Seinen geholt, lautet ihr Kommentar.[5]

Wittenberg ist schon 23 Jahre lang das Zentrum der Reformation, aber deshalb gesellschaftspolitisch nicht etwa »aufgeklärt« in unserem Sinne, als am 29. Juni 1540 eine Frau namens Prista Frühbottin auf dem Marktplatz als Hexe verbrannt wird. Der Vorwurf: Wetterzauber und Weidevergiftung. Lukas Cranach der Jüngere hat es gemalt. Als Gerichts- und Bildreporter sozusagen.

Der katholische Theologe und Frankfurter Domherr Johann Cochläus behauptet in seiner 1549 geschriebenen Luther-

Biografie, die flotte Margarete Lindemann aus Möhra habe sich leidenschaftlich mit dem Teufel amüsiert und dabei sei der kleine Martin gezeugt worden. Luther, ein Satansbraten, was sonst. So etwas wurde – auch unter Gebildeten – nicht etwa als geschmackloser Unsinn ignoriert, sondern als ernsthafte Möglichkeit diskutiert. »Preußen ist voll von Teufeln, in Lappland gibt's viele Zauberer. In der Schweiz ist auf einem hohen Berg ein See, den heißt man Pilatusteich, dort wütet der Teufel. In meiner Heimat ist auf dem Pichelsberg ein Teich, wenn man da einen Stein hineinwirft, entsteht ein großer Sturm.«[6] Luther glaubte das offenbar.

Vom Mai 1521 bis März 1522 muss er sich auf der Wartburg bei Eisenach verstecken. Freunde Martin Luthers haben ihn hierhin »entführt«, damit die Rückreise vom Reichstag in Worms nicht auf dem Scheiterhaufen endet. Er wohnt in einem Teil des weitläufigen Gebäudes, der nur über eine Zugtreppe erreichbar ist. Zweimal täglich mit Essen versorgt wird er von zwei Hausangestellten, die nur wissen, dass der Fremde »Junker Jörg« heißt. Luther ist einsam – und er meint, einen Poltergeist im Zimmer zu haben: »Nun hatten sie mir einen Sack Haselnüsse gekauft, die ich aß und in einem Kasten verschloss. Als ich des Nachts zu Bette ging, da kommt mir's über die Haselnüsse – eine nach der anderen quizt an die Balken mächtig hart, rumpelt mir am Bette. Und wie ich nun ein wenig entschlief, hebt's an der Treppe ein solch Gepolter, als werfe man ein Schock Fässer die Treppe hinab. So ich doch wohl wusste, dass die Treppe mit Ketten und Eisen verwahret, sodass niemand hinauf- oder Fässer hinunterkonnten. Ich stehe auf, will sehen, was da sei, da war die Treppe zu. Da sprach ich: ›Bist du's, so sei es!‹ und befahl mich dem Herrn Christus, von dem geschrieben steht: ›omnia subiecisti pedibus eius‹ (›alles hast du unter seine Füße gelegt‹), wie Psalm 8, Vers 7 sagt. Und legte mich wieder nieder ins Bette.«[7]

Luthers Unerschrockenheit nachts mit einem Poltergeist allein auf einem Burgzimmer erstaunt uns heute. Man kann sich das in frommer Bewunderung erklären und sagen:»Da sieht man mal, wie geborgen in Christus, wie unerschütterlich dieser Glaubensmann war!« Man kann sich das in trockener Nüchternheit erklären und sagen:»Ein Sack voll Haselnüsse zieht Mäuse an oder enthält bereits welche. Deren Rascheln...« Man kann das religionspsychologisch deuten:»Da sieht man mal, wie selbstverständlich und souverän der mit Übersinnlichem rechnete.«

Man kann die Szene auch anzweifeln und sagen:»Na ja, Luther erzählt das Jahre später in seinen Tischreden, vielleicht übertreibt er in der Erinnerung etwas.« Und als hätte er diesen Einwand geahnt, erwähnt Luther noch eine weitere Person, die vom Poltergeist auf der Wartburg um den Schlaf gebracht worden sei: die Frau des Schlosshauptmanns der Wartburg, Madame von Berlepsch, 1521 zeitweilig getrennt lebend:»Nun kam Hans von Berlepschs Frau gen Eisenach und hatte gerochen, dass ich auf der Burg sei, und hätte mich gern gesehen. Es konnte aber nicht sein. Da brachten sie mich in ein anderes Gemach und legten dieselbige Frau von Berlepsch in *meine* Kammer. Da hat's die Nacht über ein solches Gerumpel in der Kammer gehabt, dass sie meinte, es wären tausend Teufel drinnen.«[8]

Mit dieser »Kronzeugin« des Wartburger Poltergeistes handelt sich Luther allerdings böse Verdächtigungen ein:

Wie wahrscheinlich ist es, dass man hohen Damenbesuch ausgerechnet in ein abgelegenes Spukzimmer einquartiert? Warum übernachtet sie nicht in den – vergleichsweise luxuriösen – Gemächern ihres Mannes? Das deutet auf eine ziemlich beendete Ehe hin. Woher wusste Luther, wie es Frau von Berlepsch nachts ging, wenn es offiziell »nicht sein konnte«, dass sie sich begegnen?

Luther litt furchtbar unter seiner Einsamkeit. »Ich brenne durch das große Feuer meines ungezähmten Fleisches. Ich sollte brünstig sein im Geist und bin doch brünstig im Fleisch.«[9] So hat er sich dem Schlosshauptmann gegenüber seelsorglich anvertraut. Könnte es also sein, dass Hans von Berlepsch seinem einsam »brennenden« Gast und seiner auf Luther erpichten Noch-Gattin einen, nun sagen wir, großzügigen, diskreten Gefallen tat ...? Dann hätte das »Gerumpel in der Kammer« keine okkult-magische, sondern eine sehr menschliche Ursache gehabt... Einige Lutherforscher jedenfalls meinen das.[10]

Schon in den späten 20er-Jahren des 16. Jahrhunderts zeichnet sich ein zunehmend kritisch-rationales Denken Luthers gegenüber dem mittelalterlich-magischen Zeitgeist ab, typischerweise mit der Bibel als Instrument dieser Entzauberung: »Der Teufel kann mich so ängstigen, dass mir im Schlaf der Schweiß ausbricht. Aber ich kümmere mich nicht um Träume oder Vorzeichen. Ich habe Gottes Wort. Daran lasse ich mir genügen. Ich wollte auch nicht, dass ein Engel zu mir käme. Ich würde ihm jetzt doch nicht glauben.«[11]

Auch gegenüber der Horoskop-Gläubigkeit, dem ängstlichen Verfolgen der Sternkonstellationen, entwickelt Luther eine kritische Distanz, und die natürlich (noch) nicht aus naturwissenschaftlichen Gründen: »Zeichen und Gestirne sind nicht deshalb geschaffen, dass sie mich meistern, sondern mir zu Nutz und Dienst. Über Tag und Nacht sollen sie regieren, aber über meine Seele sollen sie kein Regiment noch Gewalt haben. Der Himmel ist dazu gemacht, dass er Licht und Zeit gebe. Die Erde, dass sie uns trage und speise. Mehr können sie nicht von sich geben noch wirken.«[12] Salopp ausgedrückt: Die Sterne lügen nicht. Sie schweigen. Theologisch gesagt: Gestirne sind geschöpflich, nie schöpferisch.

Aber die *Astrologen* schweigen natürlich nicht und sind keineswegs unkreativ. Luther hat schon oft beobachtet, dass sie eingetroffene Vorhersagen gern erzählen, falsche Ankündigungen aber verschweigen: »An Sterngucker denke ich wie an einen, der Würfel feilbietet und sagt: Siehe, ich habe gute Würfel, die werfen immer die 12. Nun, du wirfst sie hin und wenn die 12 kommt, ist's recht. Man sieht aber nicht, wie oft man zuvor 2, 3, 4, 5 und 6 geworfen hat, und wenn es schief geht, schweigen die Astrologen still.«[13] Allerdings räumt er ein: »Astrologia ist eine feine Kunst, aber sehr ungewiss. Sie bedarf wohl guter Deutung und viel Bedenkens.«[14]

»Der Philipp Melanchthon schaut in die Sterne, ich auf den Boden meines Kännlein Bieres. Das Ergebnis ist das Gleiche.« (Martin Luther)

Ein guter Freund Luthers, ein hochintelligenter Sprachwissenschaftler und stets sehr rational argumentierender Mensch, kümmert sich sehr um Vorzeichen. Er »deutet und bedenkt« viel: Philipp Melanchthon. Der ist so sehr von den Empfehlungen und Warnungen seines persönlichen Astrologen beeinflusst, dass er sich weigert, mit Martin Luther auf einer Holzbrücke über die Elbe in die Stadt Wittenberg zu gehen. Weil es sein Horoskop verbietet. Luther schlägt vor, in einen Gasthof diesseits der Elbe einzukehren, und sagt später: »Der Philipp Melanchthon schaut in die Sterne, ich auf den Grund meines Kännlein Bieres. Das Ergebnis ist das Gleiche. Du willst nicht nach Hause, weil du Angst vor dem Wasser hast – und ich, weil ich noch was trinken will.«[15]

Luther regte sich über den Sünden-**A**blass auf

Den gibt es gar nicht. Es gibt Ablass von *Strafen* für Sünden. Als guter Katholik glaubte Luther fest daran, dass die Kirche »Ablass« gewähren kann, also eine Minderung und Verkürzung des Fegefeuers zusagen darf. Als Priester hat Luther im Beichtstuhl bedenkenlos Ablässe ausgesprochen und sogar Spenden für den Bau des Petersdoms in Rom kassiert. Aufgeregt hat er sich über den Ablass-*Handel*. Sein Ärger darüber hat eine Lawine losgetreten, die die Welt veränderte, wie wir im Rückblick wissen.

Was sagt die Bibel zum Ablass?

Bei aller gebotenen Wertschätzung meiner vielen katholischen Brüder und Schwestern: sorry – nichts. Manche der ersten Christen in der griechischen Hafenstadt Korinth waren sehr von ihrem tadellosen Lebensstil, ihrer vorbildlichen Haltung und ihren guten Werken überzeugt. Der Apostel Paulus kannte aber auch die Schattenseiten dieser Gemeinde und schrieb ihr im 1. Korintherbrief Kapitel 3, Verse 12 bis 15: »Wenn aber jemand auf den Grund baut Gold, Silber, Edelsteine, Holz, Heu, Stroh, so wird das Werk eines jeden offenbar werden. Der Tag des Gerichts wird's klarmachen; denn mit Feuer wird er sich offenbaren. Und von welcher Art eines jeden Werk ist, wird das Feuer erweisen. Wird jemandes Werk bleiben, das er darauf gebaut hat, so wird er Lohn empfangen. Wird aber jemandes Werk verbrennen, so wird er Schaden leiden; er selbst aber wird gerettet werden, doch so wie durchs Feuer hindurch.«

Ob Paulus beim »Feuer« an eine jenseitige Hölle dachte? Oder an eine apokalyptische Katastrophe, den Weltuntergang? Oder dachte er schlicht und praktisch an die nächste Christenverfolgung im Römischen Reich? Wissen wir nicht genau. Die Historiker und Theologen streiten drüber. Was wir genau wissen: Aus diesen vier Versen des Paulus entwickelte Kirchenvater Origines von Alexandrien im 3. Jahrhundert die Idee eines »Fegefeuers« im Jenseits. Eine Zwischenstation auf dem Weg ins Paradies. Dabei ist diese Vorstellung einer Läuterung der Seele durch Feuer weder im Alten noch im Neuen Testament zu finden!

Über die Eroberung und Deportation der Juden ins babylonische Exil im 6. Jahrhundert vor Christus sagt Gott in Jesaja 48,10: »Ich habe dich geläutert (...) im Glutofen des Elends.« Über die Christenverfolgungen durch wahnsinnige römische Kaiser im 1. Jahrhundert schreibt der Apostel Petrus: »Euer Glaube (wird) als echt und viel kostbarer befunden als das vergängliche Gold, das durchs Feuer geläutert wird« (1. Petr 1,7). Aber eine postmortale Seelen-Entschlackung durch Feuer nach dem Tod? Fehlanzeige, was die Bibel betrifft.

Macht nix: Origines veranschlagte mal fürs Erste »ein Jahr Fegefeuer pro Sündentag auf Erden«. Bei, sagen wir, 75 mal 365 Sündentagen pro Menschenleben kommt da einiges zusammen. Damit war der Wunsch nach Abkürzung geboren. Ein verständlicher Wunsch...

Und was ist mit der Vergebung?

Wenn ich jemanden verletzt oder ihm geschadet habe, wenn ich Gottes Gebote missachtete, wenn ich »sündigte«

und dies bereue – dann bitte ich den Geschädigten um Verzeihung. Dann hoffe ich, er »ent-schuldet« mich. Geht das nicht (mehr), will oder kann das Opfer meines Fehlverhaltens mir nicht vergeben, lässt sich ein Schaden durch nichts mehr wiedergutmachen, dann möchte ich, dass *Gott* mir diese Schuld vergibt. Ich bekenne sie ihm im Gebet und bitte um Vergebung. Woher weiß ich aber, ob Gott das wirklich tut? Durch jemanden, der mir autorisiert und ganz amtlich »im Namen Gottes« die befreiende Lossprechung zusagt! »Ego te absolvo«, sagt der Priester im Beichtstuhl, »ich spreche dich los, ich entbinde dich von der Schuld.« Warum kann der Priester diese »Absolution« erteilen? Weil sich die Kirche als Verwalterin des göttlichen »Gnadenschatzes« versteht. Gottes Barmherzigkeit und Nachsicht, das Sterben des Jesus von Nazareth am Kreuz, die Lebensopfer der Märtyrer und Heiligen – alles zusammen ist eine Art himmlische Schatztruhe, aus der die irdische Kirche Kleingeld für den Alltag verteilt. So weit, so schön.

Origines veranschlagte mal fürs Erste »ein Jahr Fegefeuer pro Sündentag auf Erden«. Bei, sagen wir, 75 mal 365 Sündentagen pro Menschenleben kommt da einiges zusammen.

Nur: Die römisch-katholische (und zu Luthers Zeiten hierzulande einzige) Kirche versteht sich auch als Verwalterin von »Strafen«! Von Auflagen also, die ich ertragen, erfüllen, ableisten muss. Im mittelalterlichen Extremfall konnte das heißen, mein Leben als »Büßer« in einer Eremitage oder im Kloster zu führen. Oder als »Geißler«, als »Flagellant« an einer Karfreitags- oder Fronleichnamsprozession teilzunehmen und mir mit einer kurzen Peitsche Schultern und

Rücken blutig zu schlagen. Für Adlige, Ritter und Vermögende konnte es – 500 Jahre *vor* Luther – bedeuten, an einem Kreuzzug in den Nahen Osten teilzunehmen. Im Normalfall aber waren es schlicht Aufforderungen, wie beispielsweise eine Wallfahrt zu unternehmen, zu heiligen Stätten zu pilgern, Hilfsdienste in sozialen Einrichtungen zu leisten, Geld zu spenden oder verordnete Gebete zu sprechen.

Fairerweise muss man festhalten: Die Sünden*vergebung* in Beichte und Absolution, die stand nie infrage. Eine Ermessensfrage des Priesters sind »nur« die Sünden*strafen*. Verhandelbar sind ihre Schwere und Härte im Diesseits und ihre Dauer im (Fegefeuer-)Jenseits. Kurz: Sündenstrafen werden erst verhängt und dann gemildert. Die Milderung nennt man »Ablass«. Übrigens bis heute. Im Gesetzbuch des römisch-katholischen Kirchenrechts von 1983 (!) steht unter Canon 922 etwas umständlicher das, was im aktuell gültigen Katholischen Weltkatechismus unter § 1471 einfach und knapp so zu finden ist: »Ablass ist der Erlass einer zeitlichen Strafe vor Gott. Für Sünden, die hinsichtlich der Schuld schon getilgt sind.« Papst Benedikt XVI. rief das Jahr 2008 zum »2000. Geburtsjahr des Apostels Paulus« aus und zu diesem Anlass verkündete Bischof Gregor Maria Hanke im bayerischen Eichstätt: »Zur Eröffnung und zum Abschluss des Paulusjahres kann der vollkommene Ablass in jeder Kirche oder Kapelle unserer Diözese gewonnen (...) werden, wenn man dort andächtig an einer heiligen Messe, einem Stundengebet oder einer Andacht zu Ehren des heiligen Paulus teilnimmt.«[16]

Und wieso hat Luther diese Vorstellung gekippt?

Machen wir uns klar: All das ist für Luther bis zum Spätsommer 1517 völlig unstrittig! Während seines Aufenthalts in Rom im Dezember 1510 ist er so ergriffen von der Möglichkeit, die Sündenstrafen verstorbener Vorfahren mildern zu können, dass »es mir schier leidtat, dass mein Vater und meine Mutter noch lebten! Ich hätte sie gerne aus dem Fegefeuer erlöset mit meinen Messen und anderen trefflichen (guten) Werken und Gebeten«[17], erinnert er sich später kopfschüttelnd. Luther liebt es, als Priester die Beichte zu hören und im Namen Gottes Sünden zu vergeben. Er ist ein verantwortlicher Seelsorger für Menschen in Gewissensnöten. Er freut sich, Leute trösten und zurechtbringen zu dürfen, sie zu geistlichen Übungen (»Exerzitien«) zu motivieren.

Blöd nur: Es kommen immer weniger. Nicht mal zur Fastenzeit in den sieben Wochen vor Ostern 1517. Ein gewisser Markus Menner zeigt dem Priester der Schlosskirche Wittenberg auch gern, *warum* er nicht mehr beichten kommt: »Wir tun kraft der uns verliehenen Gewalt durch diesen Brief kund und zu wissen, dass Markus Menner von dem durch ihn verübten Totschlag freigesprochen ist. Wir befehlen allen und jedem, dass niemand – kirchliche Amtspersonen oder Laien – ihn wegen dieses Totschlags anklage, verurteile oder verdamme.«[18] Ein Papier, unterschrieben von einem Dominikanermönch namens Johann Tetzel im Auftrag des Bischofs Albrecht von Mainz und Magdeburg.

Luther ist baff. Vor ihm steht ein Mörder und der dreht dem lieben Gott eine Nase! Der nette Herr Menner hatte sieben Dukaten gezahlt und weiß die Preisliste des Bischofs auch noch halbwegs auswendig: Kirchenraub neun Dukaten, Mord oder Totschlag sieben, Hexerei sechs, Ehebruch und

Kindesmisshandlung je nach Sachlage, aber Diebstahl und Schmuggel – die sind günstig, da kann man einen Teil der Ware oder des Hehlergewinns der Kirche spenden. Provision für den Papst sozusagen, auf Verhandlungsbasis.[19]

Martin Luther erinnert sich: 1506 hat Papst Julius II. den sogenannten »Petersablass« erfunden, d. h., gegen eine namhafte Spende für den Bau des Petersdoms in Rom spricht der Priester im Beichtstuhl *nach* der Absolution *auch* eine Milderung zeitlicher Sündenstrafen aus. Aber ist Gottes Erbarmen damit schon käuflich? Na ja, Schwaben würden sagen, es hat ein »G'schmäckle«. PR-Medienberater des 21. Jahrhunderts würden warnen, so was sei »spooky«. Aber mal halblang: Damit sind weder die *Reue* noch die *Beichte* noch die *Lossprechung* ausgehebelt. Es kommt lediglich nach der Beichte kräftig Geld rein. Luther selbst, seit dem 3. April 1507 ein geweihter katholischer Priester, hat das so gemacht!

Als der baufreudige Papst Julius II. tot ist, »verschärft« sein Nachfolger Leo X. das europaweite Fundraising noch um die Nuance, dass sich großzügige Spender den Ablass schriftlich beurkunden lassen können. Damit ist der »Ablassbrief« in der Welt. Und Luther fand nicht mal den anstößig. Am Vorabend des Allerheiligenfestes 1514 (noch ist der 31. Oktober ja keineswegs »Reformationstag«) sagt er: »Die Absicht, die der Papst bei der Spendung von Ablässen im Auge hat, ist gut!«[20] Davon etwas abgerückt und ablasskritischer ist Luther zwei Jahre später, am 31. Oktober 1516: »In der wirklichen Buße muss die Verletzung der Gerechtigkeit wieder gutgemacht werden, sie verbietet deshalb den Ablass und sucht das Kreuz.«[21]

Aber jetzt das! Im Sommer 1517 rumpelt Luther zu einer ausgiebigen »Visitationsreise« durchs Land. Seit zwei Jahren ist er nicht nur Theologiedozent und Priester, sondern obendrein auch Distriktvikar, eine Art Kontrolleur, der elf Klöster Dresden, Eisleben, Erfurt, Gotha, Herzberg, Langensalza, Magdeburg, Neustadt/Oder, Nordhausen, Sangerhausen und Wittenberg. Überall hört er den gleichen Slogan: »Wenn das Geld im Kasten klingt, die Seele in den Himmel springt.« Überall die gleiche Geschichte: Johann Tetzel, geboren 1465 in Pirna/Sachsen, Theologiestudium in Leipzig, Dominikanermönch, hat 1509 als Inquisitor in Polen etliche Ketzer auf den Scheiterhaufen gebracht. Seither ist er als Ablassprediger tätig. Irgendwo im Hessischen wurde er mal mit einer verheirateten Frau erwischt und zum Tod durch Ertränken im Main verurteilt. Auf Intervention des Bischofs von Mainz aber noch rechtzeitig freigesprochen. Jetzt ist er für angeblich 1 000 Gulden Jahresgehalt mit großem Gefolge im Bistum Magdeburg unterwegs. Verdient also zehnmal mehr als der Bürgermeister von Leipzig.[22]

>»Wenn das Geld im Kasten klingt, die Seele in den Himmel springt.«

Haben sich Martin Luther und Johann Tetzel je getroffen? Leider nein. Aber auf seiner Visitationsreise bekommt Luther wörtliche Mitschriften der Predigten Tetzels überreicht. Was er liest, schockiert ihn einmal mehr: »Sieh deine Mutter an! Wie sie von den Flammen des Fegefeuers gequält wird! Und das leidet sie ja deinetwegen! Du könntest ihr ja mit einem Groschen zu Hilfe kommen! Aber ach, wehe über euch, die ihr Gottes Gnade verachtet, die doch so billig zu haben wäre!«[23]

Der demagogische Trick mit der Mutter hat einen theologischen und einen finanziellen Hintergedanken: Seit 1476 galt es offiziell als katholisch, mit Gebeten, Bußübungen und Wallfahrten auch *verstorbenen Vorfahren* das Fegefeuer verkürzen zu können. Jetzt, wo man das Ganze gegen Cash erledigen kann, verlängert Herr Tetzel die Liste der sündigen Angehörigen natürlich endlos. Doch bitte nicht nur an die Vergangenheit denken, Herrschaften! Auch für wahrscheinlich anzunehmende Sünden der Zukunft gibt's einen Ablassbrief schon hier und heute.

> »Ja, wenn einer gleich die Jungfrau Maria geschwängert hätte, so könnte er, Tetzel, es ihm vergeben!«
> (Martin Luther)

Luthers Zorn – später sprichwörtlich geworden – entzündet sich nicht vordergründig an Tetzels rhetorischen Knallern, sondern daran, dass er die gesamte Erlösungslehre der Kirche aushöhlt: »Tetzel machte es so grob, dass man's musste greifen (dass man eingreifen musste), denn er schrieb und lehrte, dass der Ablass des Papstes schon die Versöhnung zwischen Gott und den Menschen sei. Zum anderen, dass der Ablass kräftiger wäre und mehr gelte, da schon (auch wenn) der Mensch weder Reue noch (Gewissens-)Leid hätte oder Buße tue. Ja, wenn einer gleich die Jungfrau Maria geschwängert hätte, so könnte er, Tetzel, es ihm vergeben!«[24]

Als Luther von seiner Reise zurückkommt und das anstehende Allerheiligenfest samt Vorabendgottesdienst am 31. Oktober 1517 vorbereiten soll, setzt er sich hin und formuliert 95 Thesen zum Thema Beichte und Buße. Aber das ist schon wieder eine andere Geschichte …

Luther pflanzte ein **A**pfelbäumchen...

...und sprach:»Wenn morgen die Welt unterginge, so wollen wir heute unser Apfelbäumchen pflanzen«? Nein. Ein Irrtum.

Nun gut, ob er seiner Katharina beim Obstbaumpflanzen im Garten mal geholfen hat, wollen wir nicht ausschließen. Aber mit dem berühmten Spruch beendet am 5. Oktober 1944 ein Pfarrer namens Karl Lotz aus Hessen seinen mit mechanischer Schreibmaschine verfassten Rundbrief an Freunde aus der »Bekennenden Kirche«. So heißt eine Bewegung evangelischer Pfarrer und ihrer Gemeinden, die auf einer Synode (Kirchenparlaments-Versammlung) in Wuppertal-Barmen vom 29. bis zum 31. Mai 1934 die sogenannte »Barmer Theologische Erklärung« unterschrieben hatten, in der sie sich gegen Adolf Hitlers Nazi-Ideologie stellten. Die Unterzeichner und ihre Freunde leben 1944 also gefährlich. In Deutschland herrschen SS- und Gestapo-Terror. Bemerkenswert an Herrn Lotz ist aber nicht nur sein Mut, einen Brief zu vervielfältigen und zu verschicken, der sich gegen das herrschende System richtet, sondern auch seine Wortwahl:

»Lassen Sie sich bitte durch mein Schreiben angesichts der gespannten Lage unseres Volkes nicht verdrießen. Wir müssen uns wohl nach dem Lutherwort richten: ›Und wenn morgen die Welt unterginge...‹«[25]

Sieben Monate später ging die Welt unter. Die deutsche jedenfalls. Am 8. Mai 1945.

Wieso meinte Karl Lotz, das sei ein »Lutherwort«? Weder in der Sammlung der 7000 Tischreden Luthers durch Ernst Kroker von 1903 noch in der »Weimarer Gesamtausgabe« aller Schriften Luthers von 1883 findet sich der Spruch vom Apfelbäumchen. Oder hat der mutige Widerstandspfarrer beim Briefschreiben lediglich Martin Luther mit dem württembergischen Pfarrer Johann Albrecht Bengel (1687–1752) verwechselt? Der glaubte, aus dem Kapitel 20 der »Offenbarung des Johannes« den Beginn einer zweimal tausendjährigen Endzeit bis zur sichtbaren Wiederkunft Jesu Christi auf Erden errechnet zu haben. Start des Countdowns zum Weltuntergang sollte der 18. Juni 1836 sein.

J. A. Bengel starb 1752. Seine Anhänger fanden, 1000 Jahre mal zwei seien doch recht lang, sodass sich die Auffassung verbreitete, das Datum *selbst* sei schon der errechnete Wiederkunftstermin. Die napoleonischen Kriege, eine Serie von Missernten in Württemberg seit 1817, viele als »endzeitlich«

interpretierte Ereignisse schienen diesen Fahrplan zu bestätigen. Hinzu kam ihre wachsende Unzufriedenheit mit der Landeskirche, sodass sich manche Pietisten veranlasst sahen, auszuwandern. Nach Russland zum Beispiel. Gefragt, wo bei all diesen »biblischen« Zahlenspielchen denn die Hoffnung bliebe, hätten die Auswanderer (oder ihre zurückbleibenden Nachbarn) geantwortet: »Und wenn wir wüssten, dass morgen die Welt unterginge ...«

Für keinen Geringeren als den Dichter Gottfried Benn wurzelt 1950 das Apfelbäumchen wieder fest in Luthers geistigem Eigentum:

»Was meinte Luther mit dem Apfelbaum?
Mir ist es gleich. Auch Untergang ist Traum.
Ich stehe hier in meinem Apfelgarten
Und kann den Untergang getrost erwarten.
Ich bin in Gott, der außerhalb der Welt
noch manchen Trumpf in seinem Skatblatt hält.«[26]

Vollends als Lutherwort etabliert hat den Spruch aber ausgerechnet ein Mensch, der nicht an die lutherisch-christliche Hoffnung, wohl aber an einen Weltuntergang glaubte: der Physiker und fernsehprominente Wissenschaftsjournalist Hoimar von Ditfurth. Er prangerte technologisch-wirtschaftsliberalen Raubbau an der Natur an, sagte ihren baldigen ökologischen Zusammenbruch voraus und nannte seinen Bestseller »So lasst uns denn ein Apfelbäumchen pflanzen. Es ist so weit.«[27]

Das war 1985. Es ist bis heute noch nicht so weit.

Luther war ein **B**auernsohn
aus ärmlichen Verhältnissen

Nicht ganz. Er selbst sagt von sich: »Mein Vater, Großvater und Ahnherr sind rechte Bauern gewesen. Danach ist mein Vater nach Mansfeld gezogen und dort ein Berghäuer geworden.«[28]
Erst Landwirt, dann Bergmann? Die Familie stammt aus Möhra, zwischen Eisenach und Bad Salzungen am Südhang des Thüringer Waldes. Geboren wird Martin als (vermutlich) erstes von acht Kindern am 10. November 1483 in Eisleben. Ist Vater Hans dort als armer Bauer angekommen? Nein: Ein Jahr nach Martins Geburt zieht die junge Familie nach Mansfeld und kann dort das Haus kaufen, in dem sie wohnen. »Hauer« in den Schieferböden der Grafschaft Mansfeld gewesen zu sein, ist untertrieben: Hans Luther pachtet ein kleines Unternehmen, das Kupferbergbau und Kupferhütten betreibt. Dass er in der Bürgerschaft von Eisleben sitzt, seine zwei Söhne Martin und Jakob studieren lässt und den drei Töchtern Margarethe, Elisabeth und Dorothea eine Aussteuer mitgeben kann, als sie heiraten, spricht nicht gerade für ein proletarisches Leben als »Arbeiter und Bauer«. Dass er sich und seine Frau 1527/28 sogar vom (teuren) Maler Lukas Cranach d. Ä. porträtieren lässt, auch nicht. Die Ärmlichkeit der Herkunft Martin Luthers – in der DDR an seinem 400. Geburtstag 1983 gern hervorgehoben – lag daran, dass seine Eltern extrem sparsam lebten, um Zinsen und Tilgung ihres Firmenvermögens zu erwirtschaften.

»Der Mann soll erwerben, das Weib aber soll ersparen. Darum kann das Weib den Mann wohl reich machen und nicht der Mann das Weib. Denn der ersparte Pfennig ist besser als der erworbene. So ist sparsam sein das beste Einkommen.«[29] Ein Ratschlag an Ehepaare, der offensichtlich aus Kindheitserfahrungen stammt. Bis Sohn Martin in Wittenberg 1512 Professor wird, ist Vater Hans immerhin Teilhaber von acht Schächten und drei Kupferhütten. Bei seinem Tod 1530 vererbt er 12 500 Gulden Barvermögen.[30]

Luthers hohe Wertschätzung sozialer Verantwortung und großzügig praktischer Nächstenliebe, sein zeitlebens freigiebiges Spenden und Almosengeben stammen keineswegs aus einem naiv-frommen Armutsideal: »Soll ein Christ geben, muss er zuvor haben. Wer nichts hat, gibt nichts. Und soll er morgen und übermorgen oder in einem Jahr auch geben, kann er nicht heute alles verschenken. Das begehrt unser Herr Christus nicht, dass ich mich mit meinem Gut zum Bettler und den Bettler zum Herrn mache. Sondern seines Notbedarfs soll ich mich annehmen und ihm helfen, so gut ich vermag, auf dass der Arme mit mir esse und nicht ich mit dem Armen.«[31]

> »Soll ein Christ geben, muss er zuvor haben. Wer nichts hat, gibt nichts.« (Martin Luther)

Schade, dass wir ihn nicht mehr fragen können, ob er das nur auf Familien- und privatwirtschaftlichen Besitz bezieht oder auch auf die Kirche als Institution. Als Jorge Bergoglio alias Papst Franziskus bei seinem Amtsantritt im März 2013 eine »arme Kirche, nah bei den Armen« forderte, ging er mit gutem Beispiel voran. Besuchte die Bootsflüchtlinge von Lampedusa, die Häftlinge im Knast, die Favela-Bewohner in

Rio de Janeiro. Die bedankten sich für so viel Aufmerksamkeit und Wertschätzung, machten aber auch ganz deutlich, dass sie keineswegs eine »arme Kirche« wollten! Katholische Dhalits in Indien, das sind die diskriminierten »Unberührbaren« der untersten Kaste, sagten beispielsweise auf dem Katholikentag in Regensburg im Mai 2014, nur eine vermögende Kirche könne ihnen Spenden und Kleinkredite geben, ihnen Kindergärten, Schulen, Krankenhäuser und Altenheime bauen und betreiben …

Luther hat ganz schön gebechert

Mag sein. Aber Besäufnisse hat er immer verurteilt. Aus seiner Zeit im Erfurter und später Wittenberger Augustinerkloster wusste Luther, dass selbst auferlegter Verzicht zwar manchmal sinnvoll und ratsam sein kann, insgesamt aber das Verlangen steigert. Wer Diät hält oder hungert, träumt vom Essen. Wer sich künstlich wach hält, will sehnlichst schlafen. Wer keinen Sex haben darf, will ihn umso dringender. Dass wir den »inneren Schweinehund« nicht immer überwinden und dann unsere guten Vorsätze sausen lassen – das wusste Luther aus eigener Erfahrung. Als Beichtvater Tausender Ratsuchender dürfte es ihm nur allzu bekannt gewesen sein, dass Menschen ihren Versuchungen erliegen können und – je öfter, je mehr – sich einfach gehen lassen oder aufgeben.

Das macht ein schlechtes Gewissen. So entsteht Enttäuschung über sich selbst. Tröpfchenweise verdunsten das Selbstwertgefühl und die Selbstachtung. *Diesen* Effekt, und nicht den Alkohol an sich, nannte Luther »Teufelswerk« oder »des Teufels Hohn«. Deshalb rät er seinem von Selbstzweifeln und Melancholie geplagten Mitbewohner Hieronymus Weller: »Sooft euch der Teufel mit solchen Gedanken plagt, sucht die Unterhaltung mit Menschen, trinkt mehr, scherzt mehr, treibt Kurzweil und heitere Dinge! Man muss jeweils reichlicher trinken, spielen, scherzen und also eine Sünde tun wider des Teufels Hass und Hohn. Auf dass wir ihm nirgends Raum geben, dass er uns wegen solcher geringen

Dinge das Gewissen beschweren mag. Wenn wir uns allzu ängstlich darum sorgen, nur nicht zu sündigen, werden wir (vom Teufel) überwunden. Deshalb, wenn der Teufel sagt: ›Trink nicht‹, so gib ihm zur Antwort: ›Gerade darum (jetzt erst recht) will ich trinken, weil du mich hinderst!‹ So müssen wir immer das Gegenteil von dem tun, was uns der Teufel verbietet.«[32]

Der Teufel verkleidet sich als Moralist und Tugendwächter, um den schwachen und verführbaren Biedermann dann umso tiefer stürzen zu können? Ein Gedanke, den nicht alle nachvollziehen konnten. Erst recht, wenn Luther ihn auf das Beispiel Alkoholgenuss anwendete. Wer aber so differenziert nicht mitdenken mochte, war über Luthers (vermeintliches) Lob des Saufens empört. Wie es noch heute christliche Strengreligiöse, Muslime oder Gesundheitsfreaks ja auch sind. Umgekehrt missverstanden ihn aber auch Stammtischhelden – heute würden wir sagen: die Ballermannfraktion –, wenn sie im wahrsten Sinne des Wortes »süffisant« aus Luthers Tischreden zitieren: »Morgen muss ich eine Vorlesung über Noahs Trunkenheit halten (Genesis 9,21). Heute Abend werde ich deshalb kräftig trinken, damit ich als Experte von dieser üblen Sache reden kann.«[33] Oder aus Briefen an Katharina, von unterwegs: »Ich fresse wie ein Böhme und saufe wie ein Deutscher.«[34]

Als der polnische (!), katholische (!) und reformationskritische Bischof Dantiscus 1523 in Wittenberg Station macht, rümpft er zwar die Nase über Luther – »abgesehen

> »Wenn wir uns allzu ängstlich darum sorgen, nur nicht zu sündigen, werden wir vom Teufel überwunden.«
> (Martin Luther)

von Schimpfreden und bissigen Bemerkungen gegen den Papst, den Kaiser und einige Fürsten brachte er nichts von Bedeutung hervor« –, ist aber von Luthers Gastfreundschaft und Trinkfestigkeit ganz angenehm berührt: »Wir haben in heiterer Laune Wein und Bier getrunken, wie es dort Sitte ist. Luther scheint in jeder Hinsicht ein guter Geselle zu sein, wie man im Deutschen sagt.«[35]

Nun könnte man küchenpsychologisch schlussfolgern, der in seiner Jugend superabstinente Mönch Martin sei in seiner zweiten Lebenshälfte umso zügelloser ins andere Extrem gefallen. Hätte einen Nachholbedarf gestillt. Obwohl es im Erfurter Kloster eine Brauerei gab. Einige Zitate scheinen diese Theorie sogar zu untermauern: »Kann mir unser Herrgott das schenken: Dass ich den Leib wohl 20 Jahre gekreuzigt und gemartert habe mit Messehalten, so kann er mir das wohl auch zugutehalten, dass ich bisweilen einen guten Trunk tue, ihm zur Ehre. Gott gebe, die Welt lege es aus, wie sie wolle.«[36]

Die Welt legte es natürlich aus, wie sie wollte. Vom 24. April bis zum 4. Oktober 1530 wohnte Luther auf der Veste Coburg in Franken. Er wollte aus sicherer Entfernung, aber nah am Geschehen, den Reichstag in Augsburg beobachten. 1200 Liter Wein habe er da oben konsumiert, behaupteten die (katholischen) Reichstagsgäste. Ein allzu durchsichtiges Gerücht: Bei sechs Litern Wein pro Tag hätte Luther in Coburg sicher nicht den »Sendbrief vom Dolmetschen« schreiben und seine Vorlesung über den Galaterbrief fürs nächste Sommersemester vorbereiten können.

Eine Steilvorlage für manchen Gegner: sein aufgedunsenes, teigiges Gesicht. Der päpstliche Nuntius (Repräsentant) Peter Paul Vergerius besucht Luther im November 1535 in Wittenberg und schreibt an Papst Paul III.: »Er hat ein ziemlich dickes Gesicht, doch zwingt er sich, demselben einen möglichst leidenden Ausdruck zu geben. Er hat weit aufgerissene Augen und je mehr ich sie anschaute, desto mehr fiel mir auf, wie sie ganz den Augen eines Besessenen glichen.«[37] Nicht, dass der Abgesandte des Papstes etwa voreingenommen gewesen wäre ...

Dass sich der berühmte und beliebte Universitätsgelehrte Dr. Luther »höchstens zweimal in der Woche rasierte«[38], bewiesen ja seine Stoppeln am Kinn und auf den Wangen. Ein ungepflegter Kerl mit Bierfahne? Zugegeben – als die frisch verheiratete Katharina von Bora 1525 die Junggesellen-WG im ehemaligen Schwarzen Kloster in Wittenberg betrat, in der ihr Martin seit 1511 mit dem offenbar untätigen Diener Wolf Seeberger hauste, da »stank die Schlafkammer des Herrn Doktor wie eine Hundehütte. Das seit einem Jahr nicht erneuerte Bettstroh faulte vor sich hin«, und alles, was der verlegene Ehemann zu seiner Entschuldigung vorbrachte, war: »Ich arbeitete mich den Tag ab, fiel also ins Bett und wusste darum nichts.«[39]

Passt alles prima zu jenen rund 2 000 Einwohnern Wittenbergs, über die der Universitätsrektor Christoph Scheurl sagte, sie seien »roh, gefräßig und versoffen«.[40] Und Luther selbst spottete: »Die Wittenberger sind an der Grenze zur Zivilisation. Noch ein wenig weiter vorgerückt, wären sie mitten in die Barbarei geraten.«[41]

War er vor seiner Eheschließung ein etwas verpeilter, gelegentlich betrunkener Professor?

Nein. Denn: Die verheerenden Folgen der Alkoholsucht hatte Luther schon als »Visitator« (Aufseher, Vorstand) von elf Klöstern und als Seelsorger der Schlosskirchengemeinde Wittenberg kennengelernt. Er wetterte von der Kanzel gegen jeglichen Exzess und empfahl maßvollen Genuss als gute Balance zwischen Askese und Völlerei so: »Es ist dir durch Gott selbst und jedermann vergönnt, dass du nicht allein zu deinem notwendigen Bedarf, sondern ebenso zu Lust und Freude isst und trinkst und guter Dinge bist. Aber daran darfst du dir nicht genügen lassen – außer du wolltest ein solches Schwein und Ekel sein, als wärest du nur dazu geboren, Bier und Wein zu verbrauchen!«[42]

Obwohl Luther selbst veranlasst hatte, dass seine Frau Katharina die Braurechte vom Wittenberger Kloster abkaufte und auf ihren – dokumentierten – Einkaufslisten Hopfen, Malz und Gerste standen, sagte er: »Wer das Bierbrauen erfunden hat, ist ein Unheil für Deutschland gewesen!«[43]

Luther wünschte sogar, Alkoholherstellung und -konsum würden gesetzlich stärker geregelt und Alkoholmissbrauch unter Strafe gestellt. Weil er aber gerade bei Adligen und Machthabern damit keinen Erfolg hatte –»Ich habe neulich bei Hofe ein harte, scharfe Predigt getan wider das Saufen, aber es hilft nichts«[44] –, kam ihm die sarkastische Idee, das Verbot absurd herumzudrehen:»Wenn ich wieder zum Fürsten komme, so will ich nicht mehr tun denn bitten (nichts anderes fordern), als dass er überall seinen Untertanen und Hofleuten bei ernster Strafe gebieten wolle, dass sie sich ja wohl recht volllaufen lassen. Vielleicht, wenn etwas geboten ist, möchten sie das Gegenteil tun.«[45]

> »Es ist dir durch Gott selbst und jedermann vergönnt, dass du nicht allein zu deinem notwendigen Bedarf, sondern ebenso zu Lust und Freude isst und trinkst und guter Dinge bist.« (Martin Luther)

Wenn Ironie über Jahrhunderte hinwegtransportiert wird, kann ihr Anlass und ihr historischer oder sachbezogener Zusammenhang schon mal verloren gehen und damit ins Aussage-Gegenteil kippen. Als hätte Luther ernsthaft gesagt, Saufen sei vernünftig und Abstinenz verrückt. Hat er aber nicht.

Ausgerechnet der warmherzig-brave, hochsensibel-fromme Matthias Claudius (1740–1815) publiziert in seiner Zeitschrift»Der Wandsbeker Bote« im Jahre 1775 ein falsches Lutherzitat:»Wer nicht liebt Wein, Weib und Gesang,/der bleibt ein Narr sein Leben lang.«[46] Der schlichte Zweizeiler stammt wahrscheinlich von Claudius' Zeitgenossen und Journalistenkollegen Johann Heinrich Voß.[47]

Gegen den Verdacht, Luther sei alkoholkrank gewesen, sprechen mindestens drei Indizien: Seine bewundernswerte Disziplin, sein schier unfassbares Arbeitspensum (die Herkulesarbeit der Bibelübersetzung noch gar nicht mitgerechnet). Sein 21 Jahre dauerndes, intaktes Ehe- und Familienleben samt hoher Wertschätzung innerhalb der Verwandtschaft.

Und schließlich ein bedauernswertes Detail: Luther hatte Gallen- und/oder Nierensteine, die beispielsweise im Februar 1537 zu einem acht Tage dauernden Harnverhalt führten. Unter Höllenqualen schreit er: »Wenn doch nur ein Türke vorhanden wäre, der mich schlachtete! Derweil ich mit starkem, gesunden Leib in meinem eigenen Wasser verderben muss!«[48] Kurz und klein: Pinkeln tat zu sehr weh, um Saufgelage wirklich genießen zu können...

Luther übersetzte als Erster
die Bibel ins Deutsche

Nein, das tat ein gewisser Herr Wulfila. Der lebte zwischen 311 und 383 n. Chr. im heutigen Nordbulgarien und gehörte zum Volk der Goten. Weshalb man sich natürlich streiten kann, ob das schon »Deutsch« war, was er da schrieb. Möchten Sie mal reinhören? Das Vaterunser beginnt so:

»Atta unsar/pu in himimam/weihnai namo pein/qimai piudinassus peins/Warpai will ja peins/swe in himima/ja ana arpei.«

Tja... Missionar Wulfila übersetzte auch nur jene Teile, die er für gotenverträglich hielt. Das Alte Testament fand er zum Beispiel für die kriegslüsternen Germanenvölker ungeeignet, da zu viel Gewalt vorkommt...

Aber auch 1200 Jahre später, zu Luthers Zeiten, lagen bereits 72 deutschsprachige Teilübersetzungen der Bibel vor![49] Ihre Übersetzer blieben sicherheitshalber anonym: John Wycliff in England zum Beispiel, der eine englischsprachige Bibel zusammengestellt hatte, starb zwar ganz natürlich an einem Schlaganfall, wurde aber vom Konzil in Konstanz 1415 nachträglich zum Ketzer erklärt. Woraufhin man 1428 seine Knochen ausgrub und verbrannte. So was konnte in deutschen Bistümern auch schon mal *vor* einem Schlaganfall passieren, deshalb: keine Namen bitte, zu niemandem.

Die vorhandenen deutschen Bibelteile hatten darüber hinaus zwei gravierende Mängel: Sie waren nicht aus dem ältesten erreichbaren (griechischen bzw. hebräischen) Text, sondern nur aus dem Lateinischen übersetzt worden. Und zwar dermaßen wortwörtlich, dass der Aussagesinn im Deutschen unverständlich blieb. Verquast, verschwurbelt, würden wir heute sagen. Große Druckauflagen erreichten sie auch nicht, kurz: »Vor dreißig Jahren las niemand die Bibel«, erzählt Luther 1538 bei Tisch, »sie war so gut wie gänzlich unbekannt. Als ich zwanzig Jahre alt war, hatte ich noch keine gesehen.«[50] Für uns heutzutage befremdlich: Ein »frommes Elternhaus«, wie es Martins Eltern Margarete und Hans waren, bedeutete nicht etwa, dass den Kindern biblische Geschichten vorgelesen oder erzählt wurden, sondern Heiligenlegenden. Marienlieder, Segenssprüche, liturgische Formeln aus der Messe, die man – entsprechend dem magischen Weltbild der Zeit – orakelhaft aufsagen konnte. Uns heute scheint selbstverständlich, dass ein Priester oder Pfarrer zuerst mal ein Bibelkundiger sein sollte. Damals nicht: Martin Luther wird am 3. April 1507 zum Priester geweiht, zelebriert am 2. Mai seine erste Messe – und beginnt *danach* sein Theologiestudium!

Warum hat er überhaupt die Bibel übersetzt?

Vordergründig könnte man sagen: aus Langeweile. Seit seiner inszenierten »Entführung« am 4. Mai 1521 sitzt er unter falschem Namen in zwei Kämmerchen auf der Wartburg und soll die Füße still halten, bis sich die Zeiten bessern? Er doch nicht!

> »Vor dreißig Jahren las niemand die Bibel«, erzählt Luther 1538 bei Tisch, »sie war so gut wie gänzlich unbekannt. Als ich zwanzig Jahre alt war, hatte ich noch keine gesehen.«

Hintergründig trägt er sich schon länger mit der Idee. Wenn »die Mutter im Hause, die Kinder auf der Gasse und der einfache Mann«[51] jene Jesusworte und Paulusbriefe lesen könnten, die ihn bei seinem »Turmerlebnis« gepackt und befreit hatten! Wenn jede und jeder nachprüfen könnte, ob Fürsten und Bischöfe wirklich im Namen Gottes redeten oder nur aus Anmaßung! Wenn »wir glauben könnten, dass in der Heiligen Schrift Gott selbst zu uns spricht, dann würden wir eifriger darin lesen und wären sicher, dass hier unser Lebensglück geschmiedet wird«[52]!

Doch nicht nur »der Missionar in Luthers Herz« scharrt mit den Hufen, auch der engagierte Theologieprofessor will Arbeit: 1519 hat der weltberühmte Wissenschaftler Erasmus von Rotterdam eine von ihm bearbeitete Ausgabe des Neuen Testaments in Originalgriechisch veröffentlicht. Jetzt kann man die in der katholischen Messe weihevoll zitierte »Vulgata«, die lateinische Bibel, an ihrem Grundtext messen und kritisch prüfen. Diese beiden »Bibeln« – ein Neues

Testament in Griechisch und eins in Latein – bringt Philipp Melanchthon seinem Freund auf die Wartburg. »Ich hoffe, wir werden unserm Deutschland eine bessere geben, als die Lateiner haben. Das ist ein großes Werk und wert, dass wir dran arbeiten.«[53] Luther ist motiviert durch seine Liebe zum Wort Gottes, sicher. Ein bisschen Aufmüpfigkeit und Lust auf Provokation sind aber auch dabei, denn: Woher nimmt er sich eigentlich das Recht, die Heilige Schrift zu bearbeiten?

»Luther arbeitete eigenmächtig«, staunt der Dichter Gotthold Ephraim Lessing (1729–1781), »gegen die von der Kirche vorausgesetzte Wahrheit, dass es besser sei, wenn die Bibel vom gemeinen Manne lieber *nicht* gelesen werde.«[54]

Und wie hat er's dann geschafft? Wie ein Wahnsinniger. Von Dezember 1521 bis Februar 1522, in nur elf Wochen (!), übersetzt Luther täglich zehn bis zwölf Seiten Neues Testament. Dabei muss er Lücken offen lassen: »Oft ist uns widerfahren, dass wir vierzehn Tage, drei, vier Wochen haben ein einziges Wort gesucht und gefragt und haben's dennoch nicht gefunden. In vier Tagen konnten wir zuweilen kaum drei Zeilen fertigen.«[55]

Um die Genialität seiner Leistung auch nur zu erahnen, muss man wissen: Jesus hat keine einzige Zeile schriftlich hinterlassen. Er sprach Aramäisch. Seine Worte haben rund 70 Jüngerinnen und Jünger (Lukas 10,1) übersetzt und mündlich weitererzählt. Einige der zwölf Männer des engeren Jüngerkreises wiederum, die »Apostel«, notierten und übersetzten das aus dem Gedächtnis in teils gutes (Lukas), teils schlichtes (Petrus) Griechisch. Mindestens 300 Jahre lang kursierten in den christlichen Gemeinden rund ums Mittelmeer unterschiedliche Evangelien, Briefe, Jesusgeschichten,

Märtyrerakten und Heiligenlegenden. Welche Christengruppe welche Texte für dogmatisch verbindlich hielt, war regional verschieden. Aber: Die schnellste Ausbreitung des Christentums, die »fruchtbarste« Mission, geschah zu einer Zeit ohne festgelegtes Neues Testament…

Originalpapiere von Autoren der Bibel besitzt bis heute niemand. Die ältesten Dokumente entdeckte der Leipziger Forscher Konstantin von Tischendorf 1844 im Katharinenkloster am Berg Sinai: 129 Blätter einer griechischen Übersetzung von Teilen des Alten Testaments und 1859 noch zwei weitere frühchristliche Schriften dazu. Dieser sogenannte »Codex Sinaiticus« stammt aus der Zeit um 350 n. Chr. Kurz und knapp: Einen »Urtext« des Neuen Testaments gab es nie und gibt es (bisher) nicht. Martin Luther wusste das. (Und besonders »Bibeltreue« verschweigen das manchmal.) Wir besitzen nur Kopien von Kopien, und die sind Übersetzungen von Übersetzungen.

Genau diese Tatsache aber versetzt Martin Luther in eine Haltung großer Ehrfurcht! Dass der lebendige Gott sein lebendiges Wort eben nicht vom Himmel fallen ließ, sondern Menschenmündern und -händen anvertraute, löst bei Luther dankbare Bewunderung aus. Er empfindet großen Respekt vor der Heiligen Schrift. Gleichzeitig verleiht ihm sein Wissen aber auch eine große Freiheit. Weil die wortwörtlichste Übersetzung nicht immer die sinnvollste ist, interpretiert er munter drauflos. Um nur ein Beispiel zu nennen: Einer der Kernverse der Reformation, das »Eingemachte« des evangelischen Bekenntnisses, steht im Römerbrief Kapitel 3, Vers 28: »So halten wir nun dafür, dass der Mensch gerecht wird ohne des Gesetzes Werke, allein durch den Glauben.« Schön.

Nur: Das Wort »allein« steht im Griechischen nirgends! »So habe ich hier sehr wohl gewusst, dass im Griechischen das Wort ›allein‹ nicht dasteht. Im Lateinischen auch nicht. Wahr ist's: Die vier Buchstaben ›sola‹ stehen nicht drin! Buchstaben, auf die die päpstlichen Eselsköpfe starren wie die Kuh auf ein neues Tor. Ich bin aber nicht nur im Vertrauen auf die Eigenart der Sprachen so verfahren, dass ich das ›allein‹ hinzusetzte, sondern der Text und die Meinung des Paulus fordern's und erzwingen's mit Gewalt!«[56]

Um größtmögliche Texttreue bei notwendiger dichterischer Freiheit bemüht sich nach Luthers Rückkehr der akribisch prüfende Philipp Melanchthon in Wittenberg. Der Griechischexperte streitet im März und April 1522 mit seinem Freund um jedes Wort. Um nicht persönlich verletzend zu werden, räumt Melanchthon ein: »Du solltest wissen, Martinus, es geht mir nur ums Griechische!« Darauf Luther: »Mir geht es nur ums Deutsche!«[57]

Lukas Cranach (1472–1553), dem berühmten Maler in Wittenberg gleich nebenan, geht es nur ums Optische: Er fertigt Holzschnitte und Vignetten an, Drucker Melchior Lotter bestreicht seine Lettern und druckt 3000 Exemplare Erstauflage, im September 1522 erscheint schließlich »Das Newe Testament Deutzsch«. Es kostet 1,50 Gulden. Was happig ist. Das Jahreseinkommen einer Hausmagd. Trotzdem sind in drei Monaten alle »September-Testamente« ausverkauft und Melchior Lotter muss in den folgenden zwölf Jahren noch 17 Mal nachdrucken.

> Melanchthon: »Du solltest wissen, Martinus, es geht mir nur ums Griechische!« Darauf Luther: »Mir geht es nur ums Deutsche!«

Luther predigte beim Essen

Könnte man meinen, wenn man das Wort »Tischreden« hört. Da Menschen mit vollem Mund schwer zu verstehen sind, hören wir mal genauer hin:

Im ehemaligen »Schwarzen Kloster« der Augustinermönche von Wittenberg wohnt seit 1525 Ehepaar Luther. In der Folgezeit mit ihren vier eigenen Kindern, einem Sohn seines Bruders Jakob Luther und einem verwaisten kleinen Florian aus Katharinas Familie von Bora. Ab 1530 wohnen die verwaisten Nichten und Neffen der früh verstorbenen zwei Schwestern Martin Luthers im Haus. Dazu kommen eine wechselnde Zahl von Pflegekindern, dann »Muhme Lehne«, die geschätzte Amme und Magd; Wolf Seeberger, der träge Diener, sowie »ein Durcheinander junger Studierender und Mädchen, von Witwen, Greisinnen und keuschen Knaben, deshalb ist viel Unruhe dort«[58], warnt ein Insider 1542 den Kurfürsten Georg von Anhalt, als der nachfragt, ob man im Lutherhaus übernachten könne. Nein, nicht zu empfehlen. Das Lutherhaus ist ein Taubenschlag. Warum?

Als Friedrich III., »der Weise«, Kurfürst von Sachsen, 1502 die Universität Wittenberg gründete, legte er in der Stiftungsvereinbarung fest, dass die Professoren unentgeltlich zu unterrichten hätten, da sie ja Mönche sind und in ihren Klöstern essen und wohnen. Keine Planstellengehälter also. Theologie und Philosophie zum Vergelt's-Gott-Tarif. Wenn sich jetzt, infolge der Reformation, katholische Klöster in »säkulare« Studentenwohnheime verwandeln, ist das finanziell zunächst nicht das Problem von Kurfürst Friedrich. Also freuen sich Studenten *und* Dozenten, dass es bei Muttern Katharina einen täglichen Mittagstisch-für-alle gibt, eine sogenannte »Burse«. (Kommt unser Wort »Börse« daher? Wenn die Frankfurter »Börse« kein Zockerkasino für Millionäre, sondern eine »Burse« für alle Bedürftigen wäre ...!)

Katharina, die Ex-Nonne, zieht natürlich jene Frauen an, die ihrem Vorbild gefolgt sind und ihre Klöster verlassen haben. Darüber beschwert sich Herzog Georg von Sachsen in einem Brief an Martin Luther: »Du hast zu Wittenberg ein Asylum eingerichtet, sodass alle Mönche und Nonnen bei dir Zuflucht finden, als wäre Wittenberg ein Ganerben-(Rechtsnachfolger-, Erbschleicher-)Haus aller Abtrünnigen des Landes!«[59] Auch für konfessionell und damit politisch Abtrünnige übrigens: Je grausamer die Inquisition gegen ketzerische »Lutherische« in katholischen Landstrichen Europas wütet, umso mehr Glaubensverfolgte aus Österreich, der Schweiz, Ungarn, Böhmen und Dänemark klopfen in Wittenberg an die Tür.

Bis zu 40 Esser am Tisch, darunter mehrheitlich Intellektuelle jeden Alters – das gibt interessante Gespräche, klar. »Selbst wenn der Herr Doktor manchmal die ganze Mahlzeit über sein altgewohnt klösterliches Schweigen einhielt und am ganzen Tisch kein Wort fiel, so redete er mitunter doch auch sehr erheiternd und lustig«, erinnert sich Student Johannes Mathesius.[60]

Mitunter erheiternd? Das ist sehr zurückhaltend formuliert. Luthers derbe Beispiele, Vergleiche und Sprachbilder; seine lebensklugen, aber oft vulgären Sprüche machen die Runde in Wittenbergs Kneipen (und sind ja auch 500 Jahre später noch für manche Leute das Einzige, was sie von Luther wissen ...):

»Aus einem traurigen Arsch fährt kein fröhlicher Furz.«[61]

»Hüte dich vor Katzen, die vorne lecken und hinten kratzen.«[62]

»Weiberregiment nimmt kein gutes End.«[63]

Luthers Studenten notieren sich, was ihr Professor so privat und spontan von sich gibt, tragen es zur örtlichen Druckerei und die macht daraus Karten, Flugblätter,»Flyer«, wie wir heute sagen würden. Das kleine Honorar dafür kassiert der Überbringer, nicht der Urheber ...

Erst 1531 bittet der 51-jährige österreichische Pfarrer Konrad Cordatus den Hausherrn, regelmäßig alles mitschreiben und systematisieren zu dürfen. Er nennt die zufälligen Zitate »Tischreden«. Was nicht ganz zutreffend ist, wenn man sich darunter eine vorbereitete und verfasste Ansprache bei Tisch vorstellt. Ob Cordatus schon ahnungsvoll kirchengeschichtlich dachte? Oder nur ein bisschen Fan war? Oder wollte er sich einfach nützlich machen, weil er sieben Monate lang den Luthers auf der Tasche lag?

Ab 1537 setzt der 28-jährige Theologiestudent und spätere Hofprediger in Weimar, Johannes Aurifaber, die Tradition der Mitschriften fort. Bis zu Luthers Tod 1546 tut er das. 1566 gibt er ein Buch heraus mit dem schönen Titel »Tischreden oder Colloquia Doct Martin Luthers, so er in vielen Jahren gegen gelarten Leuten, auch frembden Gesten und seinen Tischgesellen gefüret«. Ist der fleißige Herr Aurifaber also das spätmittelalterliche Diktiergerät, durch dessen Aufnahmen wir dem Reformator quasi live zuhören können? Leider nein.

Es profilieren sich auch andere »Sekretäre« rund um den prominenten Prediger. Anton Lauterbach, Dietrich Medler, Ludwig Rabe, Hieronymus Weller – die Herrschaften tauschen sich aus, gleichen Texte ab, ergänzen und redigieren sie. Erst recht, nachdem Luther gestorben ist und die spontanen Anlässe und Auslöser mancher Bemerkung in der Erinnerung verblassen oder ganz in Vergessenheit geraten. Luthers Tischreden sind also bereits 20 Jahre nach seinem Tod das Ergebnis redaktioneller Bearbeitung und mehr oder minder »frisiert«.

Luthers Tischreden sind also bereits 20 Jahre nach seinem Tod das Ergebnis redaktioneller Bearbeitung und mehr oder minder »frisiert«.

Hinzu kommt, dass die lateinische Sprache im 16. Jahrhundert ungefähr die Funktion hatte wie für uns heute die englische: eine transnationale Verständigungsform, eine »Geschäftssprache« der Gebildeten. Luther redete oder predigte natürlich nicht durchgängig lateinisch, aber seine Tischreden sind durchsetzt mit lateinischen Begriffen, mit Lehnwörtern aus dem Latein oder mit latinisierten deutschen Wortkombinationen. (Ähnlich wie wir heute »Anglizismen« benutzen: »*Cancel* das Programm, dann kannst Du *chillen* und hast keinen *Trouble* mit dem *Provider*.«) Luthers Tischreden sind also auch Übersetzungen. Mitschreiber Veit Dietrich notiert: »Quando tentaris tristitia aut desparatione aut alio dolore conscientiae, tunc ede, bibe quaere colloquia, si potes te cogitatione puellae recreare, facito.« Übersetzt (immerhin von Altphilologe Walter Jens) heißt das: »Wenn du von der Traurigkeit oder der Verzweiflung oder einem anderen Schmerz des Gewissens angefochten wirst – dann iss, trink, suche das gesellige Gespräch. Wenn du dich in Gedanken an einem Mädchen erfreuen kannst – dann tu es nur!«[64]

Johannes Aurifaber gibt den Text 1566 aber so wieder: »Wer mit Traurigkeit, Verzweiflung oder anderem Herzeleid geplaget wird und einen Wurm im Gewissen hat, derselbige halte sich erstlich an den Trost des göttlichen Worts, danach so esse und trinke er und trachte nach Gesellschaft und Gespräch gottseliger und christlicher Leute, so wird es besser mit ihm werden.«[65] Ach ja? Den »Trost des göttlichen Worts« hat er glatt erfunden und aus erotischen Fantasien sind »gottselige christliche Leute« geworden...

Aber auch ohne lateinische Einsprengsel würden wir heute echten O-Ton Luther kaum verstehen. Diesen hier zum Beispiel: »Ich halt wenn Gott geboten hätt dass eine Frau sollt admittieren wer da käm und wiederum ein Mann welche käm in summa wenn's wär umgekehrt halt ich dass man würde hart nach dem Ehestand geseufzet haben.«[66] Alles klar? Im heutigen Deutsch sagt Luther sinngemäß etwa dies: »Hätte Gott geboten, dass sich eine Frau jedem Dahergelaufenen hingeben müsste und umgekehrt jeder Mann jeder Frau, dann würden sich die Leute sehnlichst die Ehe wünschen, glaube ich.«

Also auch die deutsch notierten Tischreden Luthers brauchen übersetzende Übertragungen, um sie heute verstehen zu können. Das muss kein Nachteil sein. Luthers charmante Wortspiele zum Beispiel funktionieren immer noch: »Wenn wir täten, was wir sollten, und nicht machten, was wir wollen, dann hätten wir auch, was wir haben sollen. Nun tun wir aber, was wir wollen, und nicht, was wir sollten, darum müssen wir aushalten, was wir nicht wollen.«[67] Find ich wunderschön.

Erst 1903 begann ein Theologe namens Ernst Kroker, die Tischreden Luthers hinsichtlich ihrer Entstehung, Authentizität, Übersetzung und redaktionellen Bearbeitung kritisch zu dokumentieren, und fügte sie 1921 in sechs Bänden der »Weimarer Gesamtausgabe« von 1883 hinzu. Mehr als 7 000 Tischreden sind uns überliefert aus den Jahren 1531 bis 1546. Das sind 467 pro Jahr, also neun Tischreden pro Woche! Im Wittenberger »Schwarzen Kloster« bei Katharina und Martin gab es aber, meist zwischen 17.00 und 18.30 Uhr, nur *eine* warme Mahlzeit pro Tag. Sollte Luther täglich mehr als eine Rede gehalten haben, dann zweimal die Woche bei kaltem Essen, oder?

Luther hätte eigentlich gern eine Freikirche gegründet

Nie im Leben. Großer Irrtum. Das Missverständnis stammt aus Luthers »Vorrede zur Deutschen Messe«, in der er sagt: »Es müssten diejenigen, die mit Ernst Christen sein wollen und das Evangelium mit Taten und Worten bekennen, sich mit Namen eintragen und irgendwo in einem Haus versammeln, um zu beten, zu lesen, zu taufen, das Abendmahl zu empfangen und andere christliche Werke zu tun ... Hier könnte man auch eine allgemeine Opfergabe einlegen, die man freiwillig gibt und an die Armen austeilt nach dem Beispiel des heiligen Paulus (vgl. 2. Korinther 9,1) ... Kurzum, wenn man die Leute und Personen hätte, die mit Ernst Christen sein wollen, wären die Ordnungen und Regeln bald gemacht. Aber ich kann und mag eine solche Gemeinde oder Versammlung noch nicht anweisen oder einrichten, denn dazu habe ich noch keine Leute und Personen ...«[68]

Evangelische Freikirchen heißen unter anderem deshalb »Frei«-Kirchen, weil sie nur Freiwillige aufnehmen. Niemand soll sich ohne sein Einverständnis als Mitglied »vorfinden«. Dieses Freiwilligkeitsprinzip bedingt aber a) eine Ablehnung der Kindertaufe, b) eine »Entscheidung«, bewusst als Christ leben zu wollen, und c) die Trennung von Kirche und Staat. In den wird man als Bürger hineingeboren, sollte aber dadurch nicht automatisch auch Mitglied einer »Staatskirche« werden.

Die bekanntesten evangelischen Freikirchen in Deutschland sind die Baptisten, die Methodisten, die Freien evangelischen Gemeinden, die Mennoniten, die Brüdergemeinden, die Heilsarmee, die Adventisten, die Kirche des Nazareners und die Pfingstgemeinden. Addiert man alle Glied- und Gastmitgliedskirchen der »Vereinigung evangelischer Freikirchen, VEF«, gibt es rund 250 000 evangelische Freikirchler in Deutschland. Unter 80 Millionen Deutschen also etwa 0,3 Prozent. Mit Ausnahme der Mennoniten ist aber keine dieser Freikirchen älter als 250 Jahre. Das heißt: Direkt *von* Martin Luther hergeleitet oder speziell *gegen* Martin Luther entstanden ist keine von ihnen. Ganz zu schweigen von örtlichen Filialen freikirchlicher Bewegungen, die es erst seit knapp 40 Jahren gibt: »Christliches Zentrum«, »International Christian Fellowship«, »Calvary Chapel«, »Jesus Freaks«, »Anskar Kirche«, »Ichthys Gemeinde« – lauter evangelische Gemeinschaften, die sich theologisch zwar als lokale Kirchen verstehen, formaljuristisch aber meist Vereine sind und keine »Körperschaften des öffentlichen Rechts« wie die traditionellen Freikirchen.

Allen Gruppen gemeinsam ist, dass sie ihre Statuten und Strukturen »kongregationalistisch« organisieren, das heißt, nur die gesamte Gemeinde entscheidet über Inhalte und Formen. Niemand muss einer weisungsbefugten Führungs- oder Lehrautorität gehorchen. Luthers Prinzip des »allgemeinen Priestertums« ist hier auf die Spitze getrieben: Das Recht der Laien, zu predigen, Gottesdienste zu leiten und sakramentale Handlungen wie Abendmahl, Taufe, Trauung und Beerdigung zu vollziehen, wird in den meisten Freikirchen praktiziert. Diese extrem gewissens- und meinungsfreie »Basisdemokratie« in Glaubensfragen führt natürlich zu einer üppigen Vielfalt der Lehrmeinungen und theologischen Überzeugungen.

Während eine katholische Messe in allen Sprachen der Welt von Rio bis Ratzeburg immer gleich ist, können beispielsweise baptistische Gottesdienstformen und Frömmigkeitsstile alle 50 Kilometer variieren. Das mag man faszinierend finden oder verwirrend, beeindruckend oder ulkig; man mag Freikirchler als »charismatisch« oder »evangelikal« oder beides etikettieren und dies wiederum als Qualitätssiegel oder als Warnhinweis verstehen – allen gemeinsam ist, dass sie »mit Ernst Christen sein wollen«, »in ihren Häusern Bibel lesen, beten, das Evangelium in Wort und Tat bekennen, christliche Werke tun« und – ganz wichtig –»Opfergaben einlegen«. Die strikte Trennung von Kirche und Staat bedeutet nämlich den Verzicht auf Kirchensteuer-Einnahmen. Freikirchen bestreiten nicht nur sämtliche Personal-, Gebäude- und Programmkosten ausschließlich aus den Spenden ihrer Mitglieder, sondern auch das, was sie »den Armen geben«: Millionenbudgets für Diakonie, Sozialarbeit, Bildung, Entwicklung und Mission.

> Während eine katholische Messe in allen Sprachen der Welt von Rio bis Ratzeburg immer gleich ist, können beispielsweise baptistische Gottesdienstformen und Frömmigkeitsstile alle 50 Kilometer variieren.

Sind Freikirchen also doch eine spätere Verwirklichung dessen, wovon Martin Luther träumte? Wofür er leider »noch (!) keine Leute« hatte?

Nein. Luther ist seit 1518 zwar ein steckbrieflich gesuchter Ketzer, aber in seinem Denken, Fühlen und Glauben ein treuer Katholik. Was denn sonst. Ein Mensch des Mittelalters, in dessen Weltbild die »Gesellschaft« und die »Gemeinde« noch weitgehend dasselbe sind. Weil alle Menschen getauft sind – mehr dazu später –, sind auch alle erst mal Christen. Definiert als Gläubige der einen und einzigen Kirche, basta. Die »mit Ernst Christen sein wollen«, das sind die besonders Engagierten. Wenn die sich in Hauskreisen zum Beten treffen und andere nicht, bedeutet das für Luther zunächst keine kategoriale Unterscheidung zwischen Christen und Nichtchristen. (Oder zwischen 0,3 % »richtig Gläubigen« und 99,7 % »eigentlich Ungläubigen«, wie das manche Freikirchler einteilen.)

Wer »ungläubig« sein wollte, fiel nämlich nicht nur aus der Kirche, sondern aus jeglicher sozialen Gemeinschaft heraus (was in sehr katholischen Regionen noch bis ins 20. Jahrhundert hinein der Fall sein konnte).

Zu Luthers Zeiten kämpfen Kaiser und Papst um die Vorherrschaft, zugegeben. Es gibt zwei Rechtssysteme auf demselben Territorium – die »weltliche« und die »kirchliche« Obrigkeit – und das ist problematisch genug. Aber: Der Staat beschützt und fördert die Kirche und die Kirche legitimiert und autorisiert den Staat. Diese heilige Ehe von Thron und Altar mutwillig scheiden und sich in die Staatsunabhängigkeit verabschieden? Im 16. Jahrhundert nur schwer vorstellbar.

Aber Luther hat doch gerade selber die Ordnung der Kirche angegriffen und damit indirekt auch die Staats- und Gesellschaftsordnung erschüttert?

Eben. Und kriegt Angst vor der eigenen Courage. Jetzt verlassen nämlich massenhaft Mönche und Nonnen ihre

Klöster. Priester quittieren den Dienst. Andere stehen neuerdings als verheiratete Ehemänner vor ihrer Gemeinde. Der wird in der Messe nicht nur die Hostie, sondern auch der Kelch gereicht. Die sonst ehrfürchtig bedachten Bettelmönche werden von Studenten mit Steinen beworfen. Auf Kanzeln wird politisch polemisiert. Das Volk ist verunsichert. Wer garantiert eigentlich noch Rechtssicherheit? Rutschen wir in die Anarchie ab?

Seit dem 4. Mai 1521 sitzt Luther auf der Wartburg fest, da streicht sein Professorenkollege und Mitstreiter Andreas Bodenstein, genannt »Karlstadt«, zu Weihnachten 1521 kurzerhand die hochheilige Messe und feiert ein schlichtes »neues« Abendmahl. Im Januar 1522 verfasst er zusammen mit Philipp Melanchthon eine eigene Gottesdienstordnung, lässt Heiligenbilder von den Wänden reißen und öffentlich verbrennen. »Verweist Orgeln, Trompeten und Flöten aufs Theater!«[69] ist sein Schlachtruf.

Aus Zwickau kommen drei Tuchweber nach Wittenberg, Nikolaus Storch, Markus Stübner und Thomas Drechsel. Sie haben 72 »Jünger« mitgebracht und predigen bibelversgespicktes wirres Zeug. Vom bevorstehenden Weltende und von Gottes Strafgericht über alle weltliche (!) Obrigkeit. Einer dieser Radikalen ist Thomas Müntzer (siehe Kapitel »Luther war der erste Lutheraner«), der mit den aufständischen Bauern sympathisiert.

Luther schwant, dass er an einer Lunte gezündelt hat, die direkt zu den Fürsten- und Königshöfen verläuft. Noch ein Fünkchen – und ihm fliegen alle Stützpfeiler der sozialen Ordnung um die Ohren. Er kehrt von der Wartburg zurück, geht am 9. März 1522 auf die Kanzel der Stadtkirche und – tritt auf die Bremse. Bloß keine Revolution, Leute, sondern höchstens wohldosierte Reförmchen, bitte. Das ist die Kernbotschaft. Der siebte Sonntag vor dem Ostersonntag heißt im Kirchenjahr »Invocavit«. Luther hält fortan jeden Tag (!) eine sogenannte »Invocavit«-Predigt gegen die »Schwärmer«. Gegen die »Zwickauer Propheten«, wie er grimmig wettert. Mit Erfolg: Philipp Melanchthon kehrt reumütig zu seinem Freund Luther zurück. Andreas Bodenstein/»Karlstadt« verschwindet im Sommer 1523 nach Orlamünde an der Saale, schafft dort die Säuglingstaufe und die Ohrenbeichte ab und führt den Laienkelch ein. Thomas Müntzer ist von Martin Luther tief enttäuscht und nennt ihn »Vater Leisetritt«. Die 72 Zwickauer finden fortan nur noch bei aufständischen Bauern in Thüringen Gehör.

Wenn heutzutage evangelisch-landeskirchliche (!) Pfarrerinnen oder Pfarrer aus persönlicher Abneigung gegen freikirchliche Frömmigkeitsformen allzu fix Martin Luthers Warnung vor den »Schwärmern« zitieren – dann ist das nicht ganz fair. Denn Luther warnte nicht vor enthusiastischen Gebetsposen oder inbrünstigen Liedtexten – er warnte vor »schwärmerisch« radikaler Sozialromantik, politischer Naivität und frommer Anarchie in Staat und Kirche. Die ist im 21. Jahrhundert nicht von den Freikirchen zu befürchten ...

Luther schwant, dass er an einer Lunte gezündelt hat, die direkt zu den Fürsten- und Königshöfen verläuft.

Luther hat doch so vieles abgeschafft – warum nicht auch die Kindertaufe?

Weil er ein durch und durch katholisch denkender und fühlender Christ ist. Nach seinem Verständnis ist jeder

Mensch vom Moment der Zeugung an ein von der »Erbsünde« belastetes Wesen. Als Nachfahre des »gefallenen« Menschenpaares Adam und Eva braucht jeder ein »Heilmittel gegen die Erbsünde«, sagt Kirchenvater Aurelius Augustinus[70], und zwar von Gott gestiftet (»Prinzipalursache«), von einem Priester gespendet (»Intentionalursache«) und mit geweihtem Wasser verabreicht (»Instrumentalursache«). So ist es seit 1439 in der päpstlichen »Bulle«, einem rechtsgültigen Lehrschreiben, namens »Exsultate Deo« festgelegt. Die ist für Luther bindend und die gilt übrigens in der katholischen Kirche bis heute. Taufe wird verstanden als sichtbar gewordene Zusage Gottes, dem Menschen die Sünde zu vergeben. Als ein Ritus, der Gottes Bund mit dem Menschen, Gottes »vorauslaufende Gnade« symbolisiert. Taufe ist für Luther die sichtbare Eingliederung des Menschen in den irdischen »Lcib« des auferstandenen Christus, also in die Kirche. Die Tilgung der »Erbsünde« und die Zugehörigkeit zum Leib des Auferstandenen begründen die Aufnahme des Menschen in die »ewige Seligkeit« nach seinem Tod.

Der Tod aber – der tritt zu Luthers Zeiten am häufigsten im Kleinkindalter ein. Liest man aus heutiger Sicht, wie eilig und mit welchem zeremoniellen, oft magisch anmutenden Aufwand die Neugeborenen getauft wurden – dann ahnt man die Sorge der Eltern, ihr Kind könne ungetauft sterben und damit dem Teufel anheimfallen. Kleine Tonprobe gefällig? Kurzer Schwenk ins Milieu: Luther instruiert die Priester in seinem »Taufbüchlein« von 1526: »Bedenke, dass die äußerlichen Stücke der Taufe das Geringste sind. Also in die Augen blasen, Kreuzzeichen streichen, Salz in den Mund geben, Speichel und Kot in Ohren und Nase tun, das Öl auf Brust und Schulter salben, den Scheitel mit Chrisam bestreichen, das weiße Hemd anziehen, brennende Kerzen in die Hand geben und was da mehr ist. Der Teufel verlachet wohl größere Dinge, deshalb muss eine Ernsthaftigkeit in allem sein. Der Täufer spreche: Fahre aus, du unreiner Geist! Und danach mache er dem Kind ein Kreuz an die Stirn und die Brust. Lasst uns beten … Ich beschwöre dich, du unreiner Geist, beim Namen des Vaters und des Sohnes und des Heiligen Geistes, dass du ausfahrest und weichest von diesem Diener Jesu Christi – Namen des Kindes – Amen! Danach lasse der Priester das Kind durch seine Paten dem Teufel absagen und spreche: Entsagst du dem Teufel? Antwort des Paten: Ja. Und all seinen Werken? Antwort des Paten: Ja. (…) Willst du getauft werden? Antwort des Paten: Ja. Dann nehme der Priester das Kind und tauche es in die Taufe …«[71]

Die Taufe in Luthers Verständnis von 1526 setzt den christlichen Glauben voraus. Nicht den des Kindes natürlich, sondern den der Eltern und Paten und der Kirche. Sie »glauben stellvertretend«, könnte man sagen. Die Taufe ist als Erbsündentilgung heilsnotwendig, sie ist ein »Gnadenmittel« Gottes, hat zu großen Teilen die Funktion eines Exorzismus (!) und kann wegen hoher Kindersterblichkeit gar nicht früh genug vollzogen werden. Damit weiß sich Luther in guter Tradition: Schon zu Zeiten der ersten Christen ließen sich viele »mit ihrem ganzen Hause taufen« – also Kinder, Sklaven, Verwandte, Ehefrauen – wie der Hauptmann Kornelius in Apostelgeschichte 10, Vers 47 oder die Textilkauffrau Lydia in Apostelgeschichte 16, Vers 15. Eine der frühesten Kirchenordnungen stammt aus dem Jahre 215 n. Chr., in der regelt Kirchenvater Hippolyt die »Baptismus infantium«[72], die Taufe der Kinder (nicht den »infantilen Baptismus«, liebe Pseudolateiner ...).

Das alles kann man aber auch ganz anders sehen, stimmt's? Und wie. In Zürich gibt es zum Beispiel den Reformator und Bibelübersetzer Ulrich (»Huldreich«) Zwingli, der die Taufe zwar auch für ein Sakrament hält, ihr aber nicht vorrangig die »Abwaschung der Sünden« und eine exorzistische Wirkung zuschreibt, sondern mehr den Bundesschluss Gottes mit dem Täufling und die daraus resultierende Zugehörigkeit zum Volk Gottes betont. Für Zwingli ist Taufe die neutestamentlich-christliche Entsprechung zur alttestamentlich-jüdischen Beschneidung. Seit Januar 1519 ist Zwingli Priester am Großmünster und reformiert seine katholische Gemeinde genauso radikal wie Luther in Wittenberg, nur nicht so scheppernd. Klöster auflösen, Messliturgie ändern, Ordnungen umschreiben, Inhalte neu definieren – das geht in der Schweiz auch etwas leiser.

Zwinglis Freunde und Kumpel aus Studentenzeiten sind Felix Manz, der uneheliche Sohn eines Kaplans, und Konrad Grebel, dessen Vater Ratsherr in Zürich war (und später zu Unrecht hingerichtet werden wird). Die beiden haben ein, nun sagen wir, kritisches Verhältnis zu Kirche und Staat. Aber eine brennende Liebe zur Heiligen Schrift. In der lesen sie, dass Jesus seine Jünger aussendet, die Menschen im Glauben zu unterrichten, ihnen das Evangelium zu predigen und sie zu taufen (Matthäus 28,19). Sie lesen, dass Petrus bei seiner Missionspredigt am ersten Pfingstfest rief: »Kehrt um und lasst euch taufen« (Apostelgeschichte 2,38), dass Philippus »alle, die gläubig geworden waren, taufte«

(Apostelgeschichte 8,12) und dass Paulus die Taufe als ein »Begrabenwerden« des alten Menschen und »Auferstehen« des neuen Menschen interpretiert (Römerbrief 6,3 ff).

Felix Manz und Konrad Grebel gewinnen die Überzeugung: *Erst* kommen Glaube und Bekenntnis, *dann* kommt die Taufe. Erst die Zeugung, dann die Geburt. Nicht umgekehrt. »Wer da gläubig *geworden ist* und (dann) getauft wird, wird gerettet werden« – so lesen sie Jesu Missionsbefehl in Markus 16, Vers 16 und lehnen fortan die Kindertaufe ab.

Ulrich Zwingli sieht das nicht so. Man entfremdet sich, die Freundschaft kühlt ab. Die beiden schreiben Briefe an Thomas Müntzer, fühlen sich aber von dessen Radikalität und Gewaltbereitschaft abgestoßen. Felix Manz trifft sich mit Andreas Bodenstein/»Karlstadt« in Basel. Aber statt zum Wittenberger »Schwärmer« entsteht eine Freundschaft zum schwäbischen Reformator Wilhelm Reublin, der schon seit Jahren an St. Alban in Basel und im schweizerischen Witikon keine Kinder mehr tauft.

Schließlich kommt es am 17. Januar 1525 zum Showdown: Konrad Grebel, Felix Manz, Wilhelm Reublin, ein Michael Sattler, ehemals Prior eines Benediktinerklosters im Schwarzwald, und viele andere Kindertaufe-*Gegner* sind zur »Tauf-Disputation« vor den Rat der Stadt geladen. Dort aber setzt sich Kindertaufe-*Befürworter* Ulrich Zwingli durch. Der Stadtrat beschließt: Wer nicht binnen acht Tagen seine Kinder taufen lässt, wird aus Zürich vertrieben!

Am Abend des 21. Januar 1525 treffen sich die Verlierer im Haus von Felix Manz' Mutter. Ein Mönch aus dem Kloster St. Lucius in Graubünden, der bei der Ratsversammlung einen blauen Mantel getragen und sich erstaunlicherweise gegen die Kindertaufe geäußert hatte, ist auch dabei: Georg Cajakob. Spitzname »Jörg Blaurock«.

Blaurock steht auf und – bittet Konrad Grebel, getauft zu werden! Alle sind wie vom Schlag gerührt. Die Luft brennt. Und Grebel macht es. Danach tauft Jörg Blaurock seinerseits alle anderen. Die »Täufer« sind entstanden. Es ist das Ur-Datum einer Bewegung, die als sogenannter »linker Flügel der Reformation« von den holländischen Mennoniten, den böhmischen Brüdern und den kanadischen Hutterern, den Eberhard-Arnold-Bruderhöflern in England und den Amish-People in Kentucky bis ins 21. Jahrhundert hineinreicht.

Wurde da in der Züricher Wohnung von Oma Manz nicht genau das gemacht, was Luther in seiner »Vorrede zur deutschen Messe« vorschlug?

Könnte man sagen. Aber die Reformatoren selbst und die »Obrigkeit von Gottes Gnaden« haben so viel Radikalreformation sofort erstickt: Felix Manz, knapp 30 Jahre jung, wird 1527 an Händen und Füßen gefesselt in die Limmat geworfen (Ertränken galt als besonders verächtliche Todesart, die eigentlich Ehebrecherinnen vorbehalten war ...), Jörg Blaurock wird am 6. September 1529 in Clausen/Tirol erst gefoltert, dann verbrannt. Michael Sattler reißt man am 21. Mai 1527 im schwäbischen Rottenburg die Zunge heraus, kneift ihm mit glühenden Zangen die Gliedmaßen ab und verbrennt dann den Torso mit Kopf auf dem Scheiterhaufen. Seine Frau wird im Neckar ertränkt. Nur Konrad Grebel stirbt im März 1526 »friedlich« an der Pest, mit der er sich im Knast angesteckt hat ...

Und Luther?

Der versteht auch weiterhin die Ablehnung der Kindertaufe als den Anfang von sozialrevolutionär-anarchischem Aufruhr. Weil beides von denselben Leuten kommt, wie Luther nach seinen Erfahrungen mit Andreas Bodenstein/»Karlstadt« und Thomas Müntzer meint. »Anabaptista« nennt er sie abfällig, »Wiedertäufer«. Denn wenn man Erwachsene aufgrund ihrer »Bekehrung« und ihres »Bekenntnisses« tauft, dann annulliert man ja nachträglich die am Säugling vollzogene Kindertaufe. Dann freveln diese Leute an einem Sakrament, einem Gnadenmittel Gottes. Dann begehen sie eine der schwersten Gotteslästerungen, die denkbar ist. Nicht denkbar ist im 16. Jahrhundert, dass Eltern ihre Kinder erst gar nicht taufen lassen und an ihnen der Tatbestand einer »Wieder«-Taufe nicht begangen werden kann.

1530 lädt Kaiser Karl V. mal wieder zu einem »Reichstag« ein. Diesmal nach Augsburg. Das »Wormser Edikt« von 1521 (siehe Kapitel »Luther hat manchmal getrickst und gelogen« und »Luther sagte: Hier stehe ich, ich kann nicht anders«) war politisch ja ein Schuss in den Ofen, der nur zur »Speyrer Protestation« von 1529 geführt und die einzelnen deutschen Fürstentümer in »lutherische« und »altgläubige« geteilt hatte. Jetzt also noch mal ganz gründlich und von vorn.

Luther versteht auch weiterhin die Ablehnung der Kindertaufe als den Anfang von sozialrevolutionär-anarchischem Aufruhr.

Philipp Melanchthon verfasst 28 Paragrafen, um damit die Reformation auf dem Reichstag zu verteidigen, und teilt sie in »Gemeinsame Artikel« 1 bis 21 – in denen man sich mit der bisherigen katholischen Lehre und Praxis völlig einig ist – und in »Strittige Artikel« 22 bis 28, die bitte als diskutable Reformvorschläge zu verstehen sind. Luther liest den Text gegen, nickt ihn ab, und fertig ist die (nach der Bibel) heiligste Schrift der Evangelischen bis heute: die »Confessio Augustana«, die »CA«, das »Augsburger Bekenntnis«. Tusch und Tataa. Sie wird gern als »Gründungsdokument der evangelischen Kirche« bezeichnet, dabei beabsichtigen ihre zwei Verfasser genau *das* nicht! Auch noch 1530 will Luther die katholische Kirche reformieren, nicht spalten. Artikel 9 der CA lautet: »Von der Taufe wird gelehrt, dass sie heilsnotwendig ist und dass durch sie Gnade angeboten wird; dass man auch die Kinder taufen soll, die durch die Taufe Gott überantwortet und in die Gnade aufgenommen werden. Verurteilt seien die Wiedertäufer, welche die Kindertaufe verwerfen und behaupten, die Kinder würden auch ohne Taufe gerettet.«[73]

Und heute?

Heute bemühen sich die Besonnenen beider Seiten, polemische oder abfällige Begriffe zu vermeiden (»Wiedertäufer!«, »Zwangsbeglücker!«), und differenzieren in der Wortwahl. Schon das Wort »Erwachsenentaufe« ist im Grunde nicht zutreffend: Freikirchlern geht es nicht ums Erwachsensein (ab wann ist man das?), sondern um die willentliche Entscheidung und das Bekenntnis eines Menschen zu Christus. »Gläubigentaufe« wäre präzise.

Wenn in einer Freikirche ein 10-Jähriger seinen Glauben bekennt und getauft werden will, wird er das auch. Eine Kindertaufe, klar. Inhaltlich theologisch aber sehr wohl unterscheidbar von der landeskirchlichen Taufe eines Säuglings.

Wenn in einer Landeskirche ein 14-Jähriger aus konfessionsloser Familie konfirmiert und getauft werden will, wird er das auch. Genauso wie die 40-Jährige, die nach einem Glaubenskurs um die Taufe bittet. Das sind Erwachsenentaufen, klar. Inhaltlich theologisch aber sehr wohl unterscheidbar vom freikirchlichen Verständnis.

Die evangelisch-methodistische Freikirche – entstanden in England im 18. Jahrhundert – tauft sowohl Kinder als auch Erwachsene. Die Freien evangelischen Gemeinden – entstanden in Deutschland im 19. Jahrhundert – taufen nur Menschen, die ein Bekenntnis abgegeben haben, nehmen aber auch kindgetaufte Mitglieder auf, wenn diese nicht »wieder«-getauft werden wollen. Die Baptisten- und Brüdergemeinden – entstanden in den USA und in England im 19. Jahrhundert – überlassen die Entscheidung ihren Ortsgemeinden: Manche verpflichten jeden, der Mitglied werden will, ohne Wenn und Aber zur Taufe. Sie empfinden dies nicht als »Wieder«-Taufe, weil die Säuglingstaufe für sie ja null und nichtig ist. Immer mehr Baptistengemeinden aber nehmen auch Mitglieder ohne »Wieder«-Taufe auf, wenn die im Bekenntnis ihres Glaubens ihre Säuglingstaufe rückwirkend anerkennen und den Glauben ihrer Eltern und Paten nicht nachträglich ins Unrecht setzen wollen. Sogar zwischen den Mennoniten – den historisch »echten« Täufern also – und den lutherischen Landeskirchen besteht seit 1996 eine »Gemeinsame Erklärung zur Eucharistischen Gastbereitschaft« (meint: Abendmahlsgemeinschaft) und zwischen den Baptisten und der lutherischen Landeskirche von Bayern seit 2009 sogar ein »Grundkonsens in der evangeliumsgemäßen Gestaltung von Taufe und Abendmahl«.

Würde Martin Luther heute, 500 Jahre später, seine Vorrede zur deutschen Messe umschreiben und sagen: »Endlich habe ich die Leute dazu, ein solche Versammlung einzurichten«?

Luther hat manchmal **ge**trickst und **ge**logen

Zumindest zweimal getrickst und einmal gelogen, ja. Das ist kein Irrtum.

Am 7. August 1518 erhält er die Vorladung nach Rom, um als Ketzer verhört zu werden. Ein One-Way-Ticket zum Scheiterhaufen, so viel ist klar. Nun ist Luther befreundet mit Georg Spalatin, dem Sekretär des Kurfürsten Friedrich von Sachsen (»der Weise«). Der Sachsenfürst weilt gerade auf dem Reichstag in Augsburg (»Reichs-*Tag*« ist gut: Er dauerte drei Monate), wo Kaiser Maximilian I. seinen Enkel Karl als Nachfolger durchsetzen will (was nicht klappt) und Kardinal Thomas Cajetan im Auftrag des Papstes eine zusätzliche Steuer haben will für einen Kreuzzug gegen die Türken (das überlegen sich die Landesfürsten gerade).

Luther schreibt am 8. August seinem Freund Georg Spalatin: »Du solltest beim Fürsten vorstellig werden und herausfinden, inwieweit unser Fürst und seine kaiserliche Hoheit beim Papst darauf hinwirken könnten, dass mein Fall *zur Verhandlung nach Deutschland* übergeben wird.«[74]

Ziemlich dreist, oder? Ein Staatsekretär soll den Fürsten bitten, den Kaiser zu bitten, beim Papst was für Luther zu erbitten! Friedrich von Sachsen weiß, dass Kardinal Cajetan noch was von ihm will (Geld für einen Krieg nämlich), und erreicht tatsächlich, dass Luthers Vorladung nach Rom in eine nach Augsburg umgewandelt wird. Eins zu null für Luther.

Der tanzt auf dem Reichstag an, verteidigt seine Thesen vom
12. bis 14. Oktober im Stadtpalast der Fugger in Augsburg
vor dem Kardinal und sagt dabei den verhängnisvollen Satz:
»Auch der Papst steht nicht über, sondern unter dem Wort
Gottes!«[75] Damit ist Luther reif für den Grill. Thomas Cajetan
aber – tut nichts. Verschiebt Termine, lässt sich entschuldi-
gen, schweigt.

Es wird ruhig in Augsburg. Beunruhigend ruhig. Ein Ner-
venkrieg.

Luther lässt dem Vertreter des Papstes ein Protestschrei-
ben zustellen, in dem er signalisiert, dass er weiterreden will
und – flüchtet in der Nacht zum 21. Oktober heimlich aus
der Stadt. Den Gegner hinhalten, um abzuhauen – das nennt
man wohl tricksen, ja.

Drei Jahre später, wieder ein Reichstag, diesmal in Worms.
Am 25. April 1521 lässt der (inzwischen inthronisierte) junge
Kaiser Karl V. dem rhetorisch gewandten, inhaltlich bockbei-
nigen Luther ausrichten, für seine Rückreise nach Wittenberg gebe es 21 Tage lang kaiserlichen Schutz. Ist das eine
befristete Lebensversicherung oder eine Falle? »A fuego, a

fuego«, hatten Karls spanische Ritter gezischelt, als Luther an ihnen vorbeigegangen war. Ins Feuer, ins Feuer.

Luther verlässt Worms tags darauf und wird am 4. Mai im Glasbachgrund in der Nähe von Schloss Altenstein bei Steinbach in Thüringen »überfallen«, auf die Wartburg bei Eisenach »entführt« und dort unter dem Namen »Junker Jörg« versteckt. Organisiert haben das Ganze (vermutlich, die Historiker streiten sich noch) Friedrich der Weise von Sachsen und sein treuer Sekretär, der Lutherfreund Georg Spalatin. Dass Luther in den Coup eingeweiht ist, darf vorausgesetzt werden: Bereits aus Frankfurt am Main schreibt er dem Maler Lukas Cranach: »Ich lasse mich eintun und verbergen. Weiß selbst noch nicht wo. Es muss eine Zeit lang geschwiegen und gelitten werden.«[76]

Den Gegner hinhalten, um abzuhauen – das nennt man wohl tricksen, ja.

Wer aber setzte das Gerücht in die Welt, man habe Luther in einer Silbermine des Thüringer Waldes aufgefunden? Tot natürlich, von einem Degen durchbohrt? Das Gerücht verbreitet sich so rasend schnell, dass der Nürnberger Maler Albrecht Dürer, zu dieser Zeit im fernen Holland, in sein Tagebuch schreibt: »Lebt er noch oder haben sie ihn ermordet? Oh Gott, ist Luther tot – wer wird uns hinfort das heilige Evangelium so klar vortragen?«[77]

Nur auf dem – noch weiter tagenden – Reichstag in Worms hat *einer* heftige Zweifel an der Mordversion: Kaiser Karl V.!

Er verhängt am 26. Mai eine »Reichsacht«, also den Entzug sämtlicher Rechte, eine Ächtung, über Luther. Genannt »Das Wormser Edikt«. Der Kaiser bestätigt damit die Bannbulle des Papstes nun auch staatlicherseits und verschärft sie insofern, als jedermann zur Selbstjustiz eingeladen ist: Es ist »allen geboten, dass ihr Luther nicht hauset, höfet, ätzet (zu essen gebt), tränket, noch enthaltet (ihn freihaltet), noch ihm mit Worten oder Werken heimlich oder öffentlich Hilfe, Anhang, Beistand oder Fürschub (Weitertransport) beweiset, sondern wo ihr ihn alsdann ankommt (an ihn herankommt) und betretet (ihn trefft) und des mächtig sein möget, ihn gefangen nehmt und uns wohlbehalten zusendet.«[78]

»Wohlbehalten zusendet«, wohlgemerkt. Foltern wollen wir ihn dann schon selber. Der Zynismus kräuselt einem die Zunge.

Weiß der Fürst von Sachsen, dass sein Schützling längst in Sicherheit ist? Auf dem Reichstag spielt Friedrich der Weise Friedrich den Ahnungslosen...

Kaiser Karl trickst aber auch: Er datiert das Ächtungs-Schreiben *zurück* auf den 8. Mai 1521! Mit diesem Datum nämlich sieht es so aus, als sei dieses sogenannte »Wormser Edikt« noch *von allen* auf dem Reichstag beschlossen worden. Weil sich die bereits abgereisten Fürsten aber beim besten Willen nicht erinnern können, am 8. Mai irgendwas Ähnliches beraten und verabschiedet zu haben, werden sie in den folgenden acht Jahren die praktische Umsetzung der Lutherverfolgung verweigern. Die Zersplitterung Deutschlands in »lutherische« und »katholische« Fürstentümer und Städte kündigt sich an...

Was der Kaiser kann, kann Junker Jörg schon lange: Luther schreibt an Georg Spalatin am 15. Juli 1521 einen Brief:

»Heil in Christus, lieber Herr Spalatin. Wie ich höre, verbreitet man das Gerede, der Luther verweile auf der Wartburg bei Eisenach. Weil ich dort im Wald gefangen wurde, kommen die Leute auf diese Vermutung. Falls mich die Veröffentlichung meiner Schriften verrät, werde ich meinen Aufenthaltsort wechseln. Wunderbar, dass diesmal niemand an Böhmen denkt.«[79]

Wie bitte? Dem Brief liegt ein Begleitschreiben bei: »Lieber Herr Spalatin, folgende Lüge habe ich mir zurechtgelegt: Das Gerücht über meinen Aufenthalt wächst immer mehr an. Auch wenn es die Leute nicht zu behaupten wagen, so kann man es ihnen doch nicht ausreden. Darum bitte ich Euch, *meinen beiliegenden Brief absichtlich zu verlieren* oder einen von Euren Leuten diese Achtlosigkeit begehen zu lassen. So soll er in die Hände unserer Gegner gelangen, die glauben werden, unrechtmäßig in den Besitz eines strengen Geheimnisses gelangt zu sein. Am schönsten wäre es, es fiele dem Schwein von Dresden in die Hände (Herzog Georg, Feind der Reformation). Er würde seinen Inhalt alsbald mit Freuden bekannt geben. Tut, was Euch geraten erscheint. Ich hoffe auf Besserung. Lebt wohl im Herrn. Aus der Einöde, 1521, Euer Dr. Martinus«[80]

Der Trick mit der falschen Spur funktioniert: Bis zum 1. März 1522 kann Luther unentdeckt auf der Wartburg bleiben und das Neue Testament übersetzen. Im Kolosserbrief Kapitel 3, Vers 9 zum Beispiel die Mahnung: »Belügt einander nicht«...

Luther hat **h**eimlich geheiratet

Nur ein halber Irrtum. Am 27. Juni 1525 wurden Katharina von Bora und Martin Luther öffentlich und völlig un-heimlich in der Stadtkirche von Wittenberg getraut. Aber: Zwei Wochen vorher hatte es eine private Hochzeit gegeben in Luthers Wohnung, am 13. Juni 1525.

Anwesend waren Pfarrer Johannes Bugenhagen, die Freunde Justus Jonas, Ehepaar Barbara und Lukas Cranach und Jurist Johann Apel. Bei fünf Zeugen aus dem öffentlichen Leben der Stadt auch nicht sooo furchtbar heimlich, aber trotzdem, ja, zugegeben: »Wenn ich nicht in aller Heimlichkeit die Heirat vollzogen hätte, hätte mich jeder davon abgehalten. ›Nur nicht die, sondern eine andere‹, so hätten die besten Freunde geraten.«[81]

> »Wenn ich nicht in aller Heimlichkeit die Heirat vollzogen hätte, hätte mich jeder davon abgehalten. ›Nur nicht die, sondern eine andere‹, so hätten die besten Freunde geraten.«

Martin steckte seiner Katharina einen goldenen Doppelreif mit kegelförmigem Kasten auf den Finger. Der Ring ließ sich auseinanderschieben, enthielt einen winzigen Rubin und die Gravur »MLD und CVB, was Got zusamen fieget sol kein Mensch scheiden.«[82]

War es Liebe auf den ersten Blick? Keineswegs. Sechs von neun nach Wittenberg geflohene Nonnen waren erfolgreich unter die Haube gebracht worden oder in ihre Herkunftsfamilien zurückgekehrt. Zwei konnten nicht nach Hause, weil sie damit ins Herrschaftsgebiet Herzog Georgs von Sachsen gezogen wären, der weder »lutherische Ketzer« noch entlaufene Nonnen geduldet hätte. Eine aber wollte *weder* zu ihren (Stief-)Eltern *noch* zu jenem Pfarrer Kaspar Glatz, den Luther für sie ausgesucht hatte: Katharina von Bora!

»Gott wollte es, dass ich mich der Übriggebliebenen erbarmte«, erinnert sich Luther später, »obwohl ich anfangs Katharina im Verdacht hatte, stolz und hochmütig zu sein. Aber es ist mir gut mit ihr ergangen. Ich habe eine treue und zuverlässige Frau bekommen.«[83]

Musste sich Katharina dabei nicht vorkommen wie ein Möbelstück von Rudis Resterampe? Nach unserem heutigen Verständnis ja. Aber eine romantische Liebesheirat nach individueller Partnerwahl ist 1525 die seltene Ausnahme. Eine arrangierte Ehe – erst recht, wenn sie einvernehmlich zustande kommt – ist allemal besser als eine Zwangsheirat.

Dass Luther unter anderem geheiratet hat,»um mich, auch in Zuversicht auf Nachkommenschaft, endlich dem letzten Wunsch meines Vaters nicht länger zu widersetzen«[84] (weil also Bergbauunternehmer Hans Luther noch Enkel sehen wollte, bevor er starb) – das dürfte für Katharina, in der Denke ihrer Zeit, völlig legitim und kein mieses Motiv gewesen sein.

Wie haben Luthers Freunde reagiert?
Überrascht, aber sehr unterschiedlich. Georg Spalatin am Hofe Kurfürst Friedrich des Weisen schickt 100 Gulden Hochzeitsgeschenk. Nikolaus von Amsdorf aus Magdeburg und Fluchthelfer Leonhard Koppe aus Torgau versprechen, zur »offiziellen« Hochzeitsfeier am 27. Juni 1525 zu kommen. Aber Luthers Co-Bibelübersetzer, intellektueller Trainer und Freund Philipp Melanchthon ist entsetzt. Vorsichtshalber auf Griechisch schreibt er einem Bekannten nach Nürnberg:»Es ist ja ein Mann auf das Leichteste zu behandeln (manipulieren) und Nonnen, die sich auf diese Künste verstehen, haben ihn so weit gebracht. Der viele Umgang mit ihnen hat ihn weich gemacht, wohl hat sich auch seine Natur entzündet und so scheint er auf diesen unzeitgemäßen Wechsel des Lebens hereingefallen zu sein.«[85] Luthers »Natur hat sich entzündet«, soso. Im Klartext: Melanchthon glaubt, die 26-jährige Katharina habe den 42-jährigen Professor verführt.

Wie dachte Luther über Sexualität?
Für seine Zeit unfassbar menschenfreundlich, zugewandt, positiv. Wobei es natürlich weder die Worte »Sexualität« noch »Sex« oder »Erotik« gab, von »Geschlechtsver-

kehr« ganz zu schweigen. Aber hinter den sperrig klingenden Begriffen seiner Zeit hört man doch klar heraus, wie leuchtend er Sexualität und Ehe wertschätzt. Wenn auch vor zunächst pechschwarzer Kulisse: Als verantwortlicher »Distriktvikar« und Beichtvater der Mönche aus immerhin elf Klöstern ist Luther seit 1515 nichts Menschliches mehr fremd. Nichts Unmenschliches auch nicht. Weshalb er einen regelrechten Hass auf den Pflichtzölibat entwickelt: »So viel Schreckliches tritt mir täglich im elenden Zölibat der jungen Männer und Frauen entgegen, dass meinen Ohren nichts widerwärtiger ist als der Name Nonne, Mönch und Priester.«[86] Oder: »Der schändliche und schädliche Aberglaube des Zölibats und ehelosen Lebens der Geistlichen im Papsttum hat (...) große Ursach' gegeben zu gräulichen Sünden und dieselbigen gefördert: Hurerei, Ehebruch, Blutschande, Flüsse, unzüchtige Träume, seltsame Gespügnisse und Gesichte im Schlafe sowie Pollutiones (Samenergüsse) und Verunreinigungen.«[87] Heißt wohl: Geistliche Herren haben mit Prostituierten, mit verheirateten Frauen, mit weiblichen Verwandten, möglicherweise auch mit Kindern, ihre sexuellen Fantasien ausgelebt. Bis hin zu wahnhaften Vorstellungen.

Luther unterscheidet aber scharf zwischen dem Missbrauch und dem göttlich-schöpfungsgemäßen Geschenk der Sexualität: »Es ist ein nötig natürlich Ding, dass ein Mann muss ein Weib haben und ein Weib einen Mann. Wo man das will verwehren, da ist's doch nicht zu wehren und geht seinen Weg durch Hurerei, Ehebruch und stumme Sünde.«[88]

Kurz: Er hält den Sexualtrieb des Menschen für unaufhaltsam und diese Unaufhaltsamkeit nicht für einen Fehler des

Schöpfers, sondern eine ethische Aufgabe des Menschen. Luther weiß, dass weder der (ehelose) Jesus noch der (unverheiratete) Paulus das Singledasein als Voraussetzung für den Priesterdienst eingesetzt haben. Er weiß, dass der Zölibat kirchenrechtlich nicht einmal ein Dogma ist, sondern »nur« eine Verordnung. Nur römisch-katholische Priester müssen ehelos leben, orthodoxe Priester in Ost- und Südeuropa dürfen heiraten. Luther weiß, dass der Zölibat fast tausend Jahre lang umstritten war und erst 1139 (!) zur Pflicht wurde. Aber nicht das a-sexuelle Leben an sich erscheint ihm eine Überforderung zu sein – schon das Versprechen selbst gehe an der Wirklichkeit des Menschen vorbei: »Ja, wir haben Gott gelobt (versprochen) und geschworen, dass wir keusch sein und ohne Weiber leben wollen. Darauf antwort' ich: Das ist ein rechter Hanswurst. Warum versprichst du, wovon du nicht weißt, ob du es zu halten vermagst? Eins habe ich gelobt, das ich auch halten kann: Mir selber niemals die Nase abzuschneiden!«[89]

Und die Frauen?

»Nun sieh des Jammers weiteren Teil: Es sind größtenteils Mädchen in den Klöstern, die frisch und gesund sind und von Gott geschaffen, dass sie Weiber sein und Kinder tragen sollen. Ein Mädchen, wo nicht die hohe, seltene Gnade da ist, den Stand zu halten williglich (die nicht dazu begabt ist, aus Überzeugung Single zu bleiben), kann eines Mannes ebenso wenig entraten (auf einen Mann verzichten) als essen, trinken, schlafen und andere natürliche Notdurft. Wiederum auch ein Mann kann eines Weibes nicht entraten (kann nicht auf eine Frau verzichten). Wo unwillige Keuschheit ist (unfreiwillige Ehelosigkeit), da lässt die Natur ihr Werk nicht (hört die Natur nicht auf zu wirken). Dass ich es grob heraus sage: Fließt es nicht ins Fleisch, so fließt es ins Hemd!«[90]

Und selbst wenn ein Mann operativ dem »Werk der Natur« ein Ende setzen ließ – wie es die Haremswächter im Osmanischen Reich oder die Kastraten an den Opernhäusern Europas getan hatten –, bleibt ja das »Werk der Natur« im Kopf und im Herzen tätig. »Eunuchen brennen mehr als alle anderen«, staunt Luther, »denn mit der Verschneidung vergeht ja nicht das Verlangen, sondern nur das Können. Ich wollte mir lieber zwei Paar ansetzen lassen, als den einen abzuschneiden!«[91]

Schön, dass wir so offen darüber reden konnten.

Die wertgeschätzte und gottgewollte »Natürlichkeit« der Sexualität lässt Luther aber nicht als Ausrede gelten. Für das Mätressenwesen zum Beispiel (das bei Priestern, Mönchen und Adligen seiner Zeit offenbar gang und gäbe war): »Zölibat, das heißt: nicht Frauen lieben, sondern Unzucht und Schande an den Frauen lieben. Und sie nicht wie Frauen, sondern wie Huren halten, sodass sie hinfort (später) niemand lieb noch wert haben mag.«[92] Lieb und wert haben? Das Wort »Menschenwürde« gibt es noch nicht, aber Luthers Plädoyer für die Wertschätzung und Achtung der Frau ist unüberhörbar.

Im Übrigen ist er der Meinung, dass man Sex und Liebe nicht trennen soll und beides idealerweise in der Ehe zusammenkommt: »Das ist der Grund und das ganze Wesen der Ehe, dass sich einer dem anderen hingibt und seine Lust am anderen findet, aber Sinne, Herz und Geschlecht müssen zusammen stimmen (klingen).«[93] Und: »Die höchste Gnade Gottes ist es, wenn in der Ehe die Liebe dauerhaft blüht. Die erste Liebe ist feurig, eine trunkene Liebe. Wenn wir aber die Trunkenheit ausgeschlafen haben, dann bleibt in den Frommen die echte Eheliebe. Den Gottlosen aber bleibt die Reue.«[94]

Stimmte es denn zusammen? Blühte die Eheliebe bei den beiden?

Und wie. Berühmte Zitate belegen zwar Luthers anfängliches Fremdeln – »Das erste Jahr der Ehe macht einem seltsame Gedanken. Beim Erwachen im Bett sieht man ein paar Zöpfe neben sich, die man vorher nicht sah«[95] oder »Ich lag oft meiner Käthen an der Seiten und ist sie auch eine liebenswerte Frau, trat mir doch derweil der Angstschweiß aus«[96] –, aber dass er, der ehemalige Mönch, im Laufe der Zeit erotische Zärtlichkeit »gelernt« haben dürfte, verrät ein für die damalige Zeit geradezu skandalös offenherziges Zitat: »Mit der Frau, mit der mich Gott verbunden hat, ist es erlaubt zu scherzen, zu spielen und schmeichelnd zu reden.«[97]

Liest man alle Briefe, die Luther seiner Katharina schrieb – und mit euphorisch erfundenen Ehrbezeugungen eröffnet wie »Doktorin«, »Herrin«, »Gärtnerin« –, entsteht das Bild einer zeit-untypisch großen romantischen Liebe, die mit jedem Jahr ihrer 21 Jahre dauernden Ehe gewachsen ist: »Nicht um Frankreichs noch Venedigs willen wollte ich meine Käthe hergeben. Sie ist mir von Gott gegeben, wie auch ich ihr. Sie ist ein treues Weib und ihre Tugenden sind viel größer als ihre Mängel.«[98]

Durften sie als – noch katholisches – Paar Empfängnisverhütung praktizieren?

Ja, die wurde erst von Papst Paul VI. im Jahre 1968 verboten ... Sie hat aber nicht immer geklappt: Katharina Luther bringt am 7. Juni 1526, ein Jahr nach der Hochzeit, den ersten Sohn Johannes zur Welt und stillt ihn zehn Monate lang. Als sie trotzdem bereits mit einem zweiten Kind schwanger wird, ist Martin überrascht und sagt:»Es ist schwer, zwei Gäste zu ernähren: Den einen im Hause und den anderen vor der Tür.«[99]

Mehr zum Thema Verhütung gibt's nicht. Ehepaar Luther bekommt sechs Kinder in neun Jahren. Den Johannes, die Elisabeth (stirbt mit neun Monaten), dann Magdalena (stirbt mit dreizehn Jahren), Martin junior, Paul und Margarete.

Und der Reformator stand am Wickeltisch?

Sehr wahrscheinlich! Denn: Ein einziges Mal verteidigt er sich dafür und begründet die Babypflege durch den Vater sogar noch theologisch:»Wenn ein Mann hinginge und wüsche (würde waschen) die Windeln oder täte sonst am Kind ein verächtlich' Werk, und jedermann spottete sein und hielte ihn für einen Maulaffen und Frauenmann, so täte er's doch in christlichem Glauben. Gott lacht (freut sich) mit allen Engeln und Kreaturen! Nicht, dass er die Windeln wäscht, sondern dass er's im Glauben tut. Jene Spötter aber, die nur das Werk sehen und den Glauben nicht sehen wollen, spottet Gott mit aller Kreatur als der größten Narren auf Erden. Sie spotten sich nur selbst und sind des Teufels Maulaffen mit ihrer Klugheit!«[100]

»Nicht um Frankreichs noch Venedigs willen wollte ich meine Käthe hergeben. Sie ist mir von Gott gegeben, wie auch ich ihr. Sie ist ein treues Weib und ihre Tugenden sind viel größer als ihre Mängel.«

Man ist versucht, die Verbindung der beiden als eine »moderne« Ehe zu bezeichnen...

Die zwei Wochen »heimliche« Luther-Ehe zwischen dem 13. Juni und dem 27. Juni 1525 dehnten andere »Lutherische« auf Jahre: Am 4. August 1545, ein halbes Jahr vor seinem Tod, begrüßt Martin Luther im Dom von Merseburg den dortigen Domdechanten Sigismund von Lindenau und seine Frau vor dem Traualtar. Die beiden waren seit sieben Jahren heimlich verheiratet...

Luthers Frau kam in
einem **H**eringsfass zu ihm

Nein, in einem Pferdewagen, unter dessen Plane Herings-
fässer verstaut waren. Sie kam auch nicht zu ihm, sondern
erst zu ... doch der Reihe nach:

Katharina von Bora, geboren am 29. Januar 1499, ist das
vierte Kind einer adligen Familie aus Lippendorf-Kieritzsch
bei Leipzig. Ihre Mutter stirbt früh. Die schon bald einzie-
hende Stiefmutter mag die Kleine nicht. Katharina wird ins
Kloster Marienthron in Nimbschen bei Grimma gesteckt.
Mit sechs Jahren! Warum dorthin? Die Äbtissin (Chefin) des
Klosters ist eine weitläufige Verwandte mütterlicherseits,
Margarete von Haubitz.

Wer den Schuss dieser Haubitze nicht gehört hat, wird
streng diszipliniert. Aber Kathi ist ein aufgewecktes Kind und
tröstet sich neugierig mit den 367 Reliquien, die es in Marienthron gibt: Splitter von der Krippe in Bethlehem, Splitter
vom Abendmahlstisch Jesu, Späne von seinem Kreuz auf
Golgatha und vom Kreuz des Verurteilten neben ihm. (Gut,
wenn man Holzsorten unterscheiden kann ...)

Am 15. Oktober 1515 legt Katharina in einem feierlichen
Gottesdienst ihr ewiges Gelübde ab. Sie ist jetzt 16 und eine
Nonne vom Orden der »Zisterzienserinnen«. Nun gibt es
in unmittelbarer Nähe auch ein Mönchskloster vom Orden
der Augustiner. Dessen Abt, Wolfgang von Zeschau, liest seit
1521 gern die neuesten Bücher eines Augustinerkollegen aus
Wittenberg. »Über die Mönchsgelübde« zum Beispiel oder

»Von der Freiheit eines Christenmenschen«. Darin steht beispielsweise: »Ein Weibsbild ist nicht dazu geschaffen, Jungfrau zu bleiben, sondern Kinder zu tragen. Wie viele Nonnen, meinst du, gibt es in den Klöstern, die fröhlich und mit Lust, ungezwungen ihren Gottesdienst tun und den Orden tragen? Unter tausend kaum eine!«[101]

»Das sollten meine jungen Nichten auch mal lesen«, denkt Wolfgang – und schickt die Luther-Schriften rüber. Ins Nonnenkloster. Zu Margarete und Veronika von Zeschau und deren Freundin Katharina von Bora. Die Mädels sind begeistert. In jugendlichem Ungestüm bitten sie ihre Familien, ins bürgerliche Leben zurückkehren zu dürfen. Wie findet Kathis Stiefmutter das wohl? Wofür hat sie vor zehn Jahren die Göre im Kloster geparkt! »Bleib, wo du bist«, ist die schroffe Antwort. Und Katharina denkt ab jetzt an Flucht.

Jeden zweiten Samstag rumpelt ein Pferdefuhrwerk in den Klosterhof von Marienthron bei Nimbschen. Die Firma Haushaltswaren & Lebensmittel Leonhard Koppe, Torgau, ist wieder da. Heute würden wir sagen: Pizzaservice und amazon kommen gleichzeitig an die Tür. Die Knechte des sechzigjährigen Ratsherrn und Händlers laden Eisengeräte und Kleinteile ab, vor allem aber Fässer mit Hering, Stockfisch und Bier.

Komisch, dass heute der Chef persönlich auf dem Kutschbock sitzt ... und dass das Einladen der leeren Behälter so lange dauert.

Man bringt volle Fässer hin und nimmt die leeren wieder mit. So auch am Abend des 4. April, dem Ostersamstag des Jahres 1523. Komisch, dass heute der Chef persönlich auf dem Kutschbock sitzt ... und dass das Einladen der leeren Behälter so lange dauert.

Erst Sonntagfrüh – was für ein Ostermorgen – merkt Frau von Haubitz, dass zwölf Nonnen fehlen. Zwölf! Und ganz in der Denke ihrer Zeit verdächtigt sie nicht sofort Leonhard Koppe, sondern glaubt, »der Teufel selbst hat die Bräute Christi geholt«.[102]

Wer das eingefädelt hat? Da streiten die Experten. Es habe einen gemeinsamen Brief der fluchtwilligen zwölf an Martin Luther gegeben und der sei schuld. Diese Version wird von Luthers Verehrern und später auch von ihm selbst erzählt (»Ursach' und Antwort, dass Jungfrauen Klöster göttlich verlassen mögen«). Sie wird aber absichtsvoll auch von Luthers Verächtern kolportiert: Auf Entführung – man könnte auch sagen: auf Mädchenhandel – stand nach den Gesetzen des Reiches immerhin die Todesstrafe! Im sächsischen Mittweida war neulich erst ein Nonnenbefreier geköpft worden. Vielleicht ließ sich ja auf diesem Wege eine Lunte zu Luther legen...

Historisch wahrscheinlich ist aber auch eine unspektakulärere Version: Luther hat zwar einen Bittbrief erhalten, aber währenddessen hatte Abt Wolfgang von Zeschau schon den freundlichen Heringshändler um die Befreiung seiner Nichten gebeten. Die Damen sitzen 24 Stunden später in Torgau im ersten evangelischen Gottesdienst ihres Lebens. »*Deutsche* Messe« sagen sie, denn bisher war die heilige Messfeier immer lateinisch. Drei Frauen bleiben gleich da, bei ihren Verwandten. Neun reisen am Dienstag nach Ostern etwa 100 km weiter nach Wittenberg: Elsa von Canitz, Magdalene Staupitz, Ave Grossin, die Schwestern Margarete und Ave von Schönfeld, Lameta von Gohlis, die Schwestern Katharina und Margarete von Zeschau (die Nichten des Abts, genau) und – Katharina von Bora. Sieben von neun sind Adelstöchter ...

In der Bürgergasse hinter der Stadtkirche hat der Wittenberger Jurist und Magister Reichenbach ein so großes Haus, das alle neune dort zunächst unterkommen. Die drangvolle Enge dauert nicht lang: Einige ziehen weiter zu Verwandten, Margarete von Schönfeld heiratet ihren Entführer (!) und Katharina von Bora wohnt und arbeitet recht bald bei den Cranachs. Vater Lukas ist ein berühmter Maler und Mutter Barbara betreibt eine Apotheke. Ihr kleiner Lukas junior ist acht Jahre alt und will auch Maler werden.

Luthers diskreten Hinweis an seine Studenten, die Wahlmöglichkeiten bei der Partnersuche hätten sich erfreulich vermehrt im 2 000-Seelen-Kaff Wittenberg, kapiert *ein* Theologiestudent aus reichem Hause sofort: Hieronymus Baumgärtner. Er »macht Katharina den Hof« (neudeutsch: baggert wie blöde) und – sie verliebt sich in ihn! Die beiden wollen heiraten, aber die Eltern Baumgärtner im fernen Nürnberg blocken unerbittlich. Kathie, die Ex-Nonne? Auf gar keinen Fall! Hieronymus bricht sein Studium ab und verlässt Wittenberg todunglücklich. Nur sein Professor gibt die Hoffnung noch nicht auf und schreibt dem armen Jungen am 12. Oktober 1524:

»Übrigens, wenn Du Deine Käthe von Bora halten willst, so beeile Dich mit der Tat. Bevor sie einem anderen gegeben wird, der bei der Hand ist. Sie hat die Liebe zu Dir noch nicht überwunden. Ich würde mich gewiss freuen, wenn Ihr beide miteinander verbunden würdet.«[103]

Da springen doch jedem mindestens zwei Fragen ins Auge:

1. Woher will ein 42-jähriger Professor Luther wissen, dass im Herzen eines 25-jährigen Hausmädchens die zerbrochene Liebe »noch nicht überwunden« ist?! Antwort: Luther weiß es von Katharinas Arbeitgeberin Barbara Cranach und ihrem malenden Mann Lukas. Er ist mit der Familie befreundet.

2. Wer ist der »andere, der bei der Hand ist«? Antwort: Der Mann heißt Kaspar Glatz. Er war mal Rektor der Universität Wittenberg und ist jetzt Pfarrer von Orlamünde. Luther will die beiden verkuppeln, aber – Katharina bockt! Sie lässt den Verehrer abblitzen. Pfarrer Glatz ist gekränkt, Luther ist sauer, Fräulein von Bora ist ratlos. Sie traut sich nicht, mit dem berühmten Reformator selbst zu sprechen, und bittet um ein Gespräch bei Nikolaus von Amsdorf, dem Philosophiedozenten und Freund Luthers. Sie berichtet ihm, dass Kaspar Glatz unehrlich, streitsüchtig und rechthaberisch sei. (Richtiges Bauchgefühl: Zwölf Jahre später wird Glatz vom Pfarramt

suspendiert werden.«) Amsdorf fragt, ob sie denn überhaupt niemals heiraten wolle, da verplappert sich die Süße:»Euch oder den Doktor würd' ich wohl nehmen, niemals jedoch den Glatz!«[104]

Damit ist es raus. Nikolaus von Amsdorf ist mehr baff als belustigt. Weder er noch Katharina ahnen im Entferntesten, dass die religiös und politisch neue Zeit auch neue gesellschaftliche Verhaltensweisen hervorbringt: Eine *Frau* sagt, wen sie heiraten will. Sie »wird« nicht mehr einfach geheiratet, sie »muss« nicht nehmen, wen man(n) für sie ausgesucht hat. Sie wählt jetzt selbst. Als Amsfeld ihm das erzählt, ist Luthers erste Reaktion noch typisch old school: Er poltert los. »Sie ist stolz und hochmütig! Will sie dem Nürnberger denn ewig nachweinen!«[105]

Und wieder springt die Rufmordmühle an: Katholische Flugblattschreiber hören, dass eins der befreiten Nönnchen scharf ist auf den 16 Jahre älteren Reformator. Jetzt endlich wissen sie, was der tiefere Grund der ganzen Reformation war: Luther, der »Nonnenhengst«, der »Wüstling der Fleischeslust«, wollte an die Klosterfrauen ran, was denn sonst.[106]

Die Kunde von Martins Begehrtwerden erreicht auch entfernte Brieffreundinnen Luthers. In Franken gibt es zum Beispiel die Reformatorin Argula von Grumbach. Die wendet alle Negativschlagzeilen ins Positive und freut sich, dass Luther Heiratspläne schmiedet. Das sagt sie auch anderen. Luther findet das gar nicht lustig und schreibt am 30. November 1524 an seinen Freund Georg Spalatin:»Dass mir Argula von Grumbach von Heiratsplänen schreibt, dafür danke ich und wundere mich, dass solche Dinge über mich geschwatzt werden, da auch vieles andere geschwatzt wird. Danke ihr in meinem Namen und sage ihr: Bei der Gesinnung, die ich habe, *wird es nicht geschehen, dass ich heirate.* Nicht, dass ich mein Fleisch und Geschlecht nicht spüren würde – ich bin weder Holz noch Stein –, aber mein Sinn steht der Ehe fern. Weil ich täglich den Tod und die verdiente Strafe für einen Ketzer erwarte.«[107]

Ein frommer Mann in der Lebensmitte bekennt sich zu seiner sexuellen Sehnsucht, will aber auf die Ehe verzichten, weil er verfolgt wird. Das ist ziemlich genau der Grund, warum der Apostel Paulus in den Verfolgungszeiten des 1. Jahrhunderts zur Ehelosigkeit geraten hat (1. Korinther 7,7-9).

Ein gutes halbes Jahr später *ist* Luther verheiratet. Mit Katharina. Dass die dabei noch ein bisschen nach Hering gerochen habe, ist ein Irrtum: Leonhard Koppe hat am 4. April 1523 keine einzige der zwölf Flüchtenden in ein Fass gesteckt, sondern lediglich »in einem bedeckten Wagen herausgebracht, als führe er leere Heringstonnen heraus«[108], heißt es in einer Torgauer Chronik.

> »Nicht, dass ich mein Fleisch und Geschlecht nicht spüren würde – ich bin weder Holz noch Stein –, aber mein Sinn steht der Ehe fern.«
> (Martin Luther)

Der Irrtum mit der Käthe-im-Fass könnte aber auch von einem Ratschlag Luthers stammen, den er jungen Männern auf Partnersuche gab: Statt auf das Geldvermögen oder den Status des Brautvaters sollten sie lieber auf den Charakter und den Ruf der Brautmutter achten: »Wenn man heiraten will, soll man nicht nach dem Vater, sondern nach dem Leumund der Mutter fragen, weil das Bier im Allgemeinen nach dem Fass riecht, aus dem es kommt.«[109]

Hat Luther die Straftat der Fluchthilfe jemals bereut? Nie.
»Wollte Gott, ich könnte auf solche Weise alle gefangenen
Gewissen erretten und alle Klöster leer machen, ich wollte
mich danach keineswegs scheuen, es zu bekennen.«[110]

Luther sagte: **H**ier stehe ich, ich kann nicht anders

Der oft vergessene Nachsatz – »Gott helfe mir, Amen« –, *der* ist amtlich protokolliert. »Hier stehe ich, ich kann nicht anders« ist es nicht. Dabei wurde auf dem Reichstag zu Worms alles festgehalten, was Luther auch nur andeutete. Der Satz ist sehr wahrscheinlich also eine bewundernde, aber legendäre Unterstellung. Ein Irrtum über Luther. Was hat er denn tatsächlich gesagt?

Bei »Reichstag« denken wir an das Gebäude in Berlin, das wir allabendlich in den Fernsehnachrichten sehen. Ein neoklassizistischer Klotz mit moderner Glaskuppel drauf und gewählten Abgeordneten drin. Nicht schön, aber gut. Und wichtig. Das demokratisch repräsentativ gewählte Parlament eines Rechtsstaats.

Zu Luthers Lebzeiten war der »Reichstag« eine alle paar Jahre und nur bei Bedarf einberufene Konferenz an wechselnden Orten. *Wer* sich da traf, war zwar nicht vom Volk gewählt, aber durchaus repräsentativ: die Fürsten, Herzöge und Grafen der regionalen Fürstentümer, der »Länder«, nämlich. Plus die Vertreter der Städte, die nicht ihrem jeweiligen Landeschef unterstanden, sondern »freie« oder »reichsunmittelbare« Städte waren. Plus ein paar Diplomaten benachbarter Königreiche. (Heute wäre das eine Art EU-Gipfel, an dem die Ministerpräsidenten der Bundesländer und die Bürgermeister der größeren Städte teilnehmen.) Die freie Reichsstadt Worms am Rhein hat 1521 geschätzte 7 000 Einwohner.

Angereist sind »80 Fürsten, 130 Grafen, 15 Botschafter der Herren fremder Lande, viel Reichsstädter und ein unzählig groß Volk von Rittern, Edelleuten und Reisigen (berittenen Soldaten)«[III]. Ganz zu schweigen von den Bettlern, Straßenkünstlern, Händlern und Prostituierten, die ebenfalls zu diesem »Mega-Event« eilen.

Wurde der Reichstag wegen Luther einberufen? Überhaupt nicht. Der kam erst weit hinten auf die Tagesordnung. Man kommt zusammen, um dem »Kaiser des Heiligen Römischen Reichs deutscher Nation« diverse Anliegen vorzutragen. Dessen Position ist aber denkbar schwach, als der Reichstag zu Worms am 27. Januar 1521 beginnt: Kaiser Karl V. ist gerade mal 21 Jahre jung und erst kürzlich gewählt worden. Viele Fürsten hätten lieber den französischen König Franz I. oder den Engländer Heinrich VIII. auf diesem Posten gesehen. Aber nein, jetzt also Karl V. Nun denn. Interessiert der sich überhaupt für innerdeutsches Klein-Klein? Er ist gleichzeitig spanischer König und herrscht über ein koloniales Staatengebilde, das von Südamerika bis auf die Philippinen reicht (»ein Land, in dem die Sonne nicht untergeht«). Karl ist so von seiner weltweiten Außenpolitik beansprucht, dass er sich in Worms wochenlang vertreten lässt. Von seinem Bruder Ferdinand, König von Österreich. Die einzelnen Länderfürsten wollen natürlich mehr eigenständige Befugnisse haben und nicht von oben gegängelt und bevormundet werden. Dabei wäre ein eiserner Schulterschluss aller Mächtigen bitter nötig: Die Türken rücken gerade siegreich über den Balkan heran! Deshalb soll hier in Worms eine »Reichsmatrikelordnung« angefertigt werden, ein Verzeichnis der

Einkünfte, Steuerquoten und Verteidigungsleistungen jedes Territoriums. Die Fürsten und die Reichsstädte aber knausern. Kaiser Karl müsste doch traumhaft reich sein! Seine spanischen Konquistadoren scheffeln gerade unermessliche Gold- und Silberschätze von den versklavten Inkas aus Peru heran. In Wirklichkeit ist er aber hochverschuldet bei denen, die ihn gewählt haben. Richtig arm ist der Papst:

Verschuldet bei der Augsburger Bankiersfamilie Fugger, muss er immer neue Millionen in seine Großbaustelle Petersdom versenken. Ein Kaiser in Argumentationsschwäche, ein Papst in Geldnot, viele Landesfürsten in Widerstandslaune – das ist die Lage.

Warum wurde Luther überhaupt vorgeladen?

Gute Frage. Einen von Rom zur Unperson erklärten Ketzer öffentlich anzuhören (und ihm damit ja auch eine Bühne zu bieten) ist entweder eine kleine Stichelei des Kaisers gegen den

Papst oder es ist ein Zugeständnis an den sächsischen Kurfürsten Friedrich den Weisen, der die Anhörung verlangt hat. Am 17. April 1521 abends um 18 Uhr wird das »Mönchlein« vor versammelter Mannschaft aufgefordert, seine Schriften zu widerrufen. »Nun lagen alle meine Bücher auf einer Bank nacheinander. Wo sie dieselben möchten bekommen haben, wusste ich nicht. Da sprach ich: Allergnädigster Kaiser, gnädigste Fürsten und Herren, die Sache ist wichtig und groß, ich kann auf diesmal nicht antworten, ich bitt, man wolle mir Zeit geben, mich darauf zu bedenken.«[112]

Ist Luther schlecht vorbereitet?

Kann nach vierzehn Tagen Anreise eigentlich nicht sein. Mit der Dreistigkeit, den Prozess auf morgen zu vertagen, pokert er hoch. Denn jede weitere Nacht in Worms ist lebensgefährlich: »Da kamen viele vom Adel in mein Herberg und sagten: Herr Doktor, man sagt, man wolle euch verbrennen, aber das muss nicht geschehen, sie müssen eh alle mit verderben.«[113] Deuten die Adligen damit an, die Truppen des prolutherischen Reichsritters Franz von Sickingen würden ein Blutbad anrichten, falls Luther etwas zustößt?

Ob der die Nacht panisch grübelnd, flehentlich betend oder tief schlafend verbrachte, weiß keiner. Aber: Am 18. April 1521 fasst er in einer langen Rede die wesentlichen Punkte seiner drei Bücher »Von der Freiheit eines Christenmenschen«, »An den christlichen Adel deutscher Nation« und »Von der babylonischen Gefangenschaft der Kirche« zusammen. Das Provozierendste sind seine Behauptungen:

a) der Papst stehe autoritativ nicht *über* der Bibel, sondern *unter* ihr und sei dem Kirchenvolk gegenüber rechenschaftspflichtig,

b) jeder Getaufte sei zum Lesen und Auslegen der Bibel und zum Feiern des Gottesdienstes berufen, es gebe also ein »allgemeines Priestertum der Laien« und

c) jeder Christ müsse seinem an die Bibel gebundenen *Gewissen mehr gehorchen* als den Dogmen, die ein Konzil beschlossen hat.

Ob Karl V. die Sprengkraft dieser Gedanken auch nur im Entferntesten abschätzen kann? Vermutlich nicht. Der Kaiser wirkt ermüdet, er kann eh kaum Deutsch und geht auf keine Einzelheiten ein. Machtmensch, der er ist, befiehlt er nur: »Widerrufe!«

Und Luther antwortet: »Wenn ich nicht durch die Zeugnisse der Schrift und klare Vernunftgründe überzeugt werde – denn weder dem Papst noch den Konzilien allein glaube ich, da feststeht, dass sie öfter geirrt und sich widersprochen haben –, so bin ich durch die Stellen der Schrift, die ich angeführt habe, überwunden in meinem Gewissen und gefangen im Worte Gottes. Daher kann und will ich nichts widerrufen, weil es weder sicher noch heilsam ist, gegen das Gewissen zu handeln. Gott helfe mir. Amen.«[114]

> »Daher kann und will ich nichts widerrufen, weil es weder sicher noch heilsam ist, gegen das Gewissen zu handeln. Gott helfe mir. Amen.«

Woher kommt dann »Hier stehe ich, ich kann nicht anders«?

Die einfachste Erklärung: Das Zitat wurde ihm in der bald einsetzenden Heldenvergoldung »zugeschrieben«, in den Mund gelegt.

Die humorigste Erklärung: Luther sagte in Wirklichkeit »Ich kann nicht mehr.« Denn viele Jahre später erzählt er bei Tisch: »Dieweil ich also rede, so begehren sie von mir, ich sollte es noch einmal wiederholen lateinisch. Aber ich schwitzete gar sehr und war mir heiß des Getümmels halben, dass ich so gar unter den Fürsten stünde.«[115] Klar: Der Raum ist überfüllt, die Luft ist schlecht und Luther ist aufgeregt. »Da saget Friedrich von Thun zu mir: Kunnt (könnte) ich's nicht tun, so ist's genug, Herr Doktor. Ich aber wiederholt' alle meine Worte lateinisch. Das gefiel Herzog Friedrichen dem Kurfürsten überaus wohl.«[116] Auch klar: Luthers politischer Schutzpatron will sichergehen, dass der Kaiser alles verstanden hat. Und dass die päpstlichen Protokollanten nur O-Ton Luther aufschreiben. Auf Lateinisch bitteschön, in der Verkehrssprache. »Wie ich solches ausgeredet hätt', ließ man mich gehen. Und wurden mir zween (zwei Leute) zugegeben (zur Verfügung gestellt), die mich führeten. Da erhub sich ein Getümmel. Ob man mich gefangen führet?, schrien die Edelleute. Aber ich sagte: Sie begleiten mich nur. Also kam ich wieder in mein Herbrig (Hotel) und nicht wiederum in des Reiches Rat.«[117]

Halten wir fest: Wenn Luther seine Verteidigungsrede *zwei Mal* hielt und den Schluss auf Lateinisch sagte, könnte eine spätere Übersetzungsvariante aus dem »widerstehen« und dem »kann und will ich nicht …« das heute sprichwörtliche Zitat gebildet haben.

Was löste Luther damit aus?

Vor Ort und konkret zunächst nicht viel. Der Reichstag tagt, beziehungsweise zankt erst mal weiter. Kaiser Karls eigener Bannfluch über Luther (nach dem des Papstes) ergeht erst fünf Wochen danach und wird als »Wormser Edikt« acht Jahre später für viel Ärger sorgen.

Jahrhunderte später erst werden die geistigen, die spirituellen, die kirchlichen und damit politischen Lawinen deutlich werden, die Luther hier lostritt. Sehr vereinfacht gesagt: Der Mann hat den Individualismus erfunden. *Vor* ihm hatten sich viele Wissenschaftler und Künstler wie Leonardo da Vinci oder Michelangelo Buonarotti bereits individuelle Freiheiten »rausgenommen« und waren durch ihre Genialität und Popularität geschützt. *Jetzt* aber beansprucht diese Freiheiten ein kleiner Dicker aus Thüringen für *alle Menschen*.

Die Wucht und die Wirkung dieser Rede kann kaum überschätzt werden: Ein Mensch beruft sich auf das, was er selbst (!) in der Bibel gelesen hat und was ihm »vernünftig« erscheint. Damit installiert er sein »an die Schrift gebundenes Gewissen« und sein eigenes Denken als die für ihn höchste (!) moralische Instanz. Er beansprucht, selbstständig glauben, denken und schlussfolgern zu dürfen und danach sogar handeln zu müssen. Martin Luther behauptet, der Mensch sei so unmittelbar und persönlich Gottes Gegenüber, dass er die Geistesfreiheit (und in der praktischen Konsequenz damit die Freiheit der Wissenschaft und der Kunst, die Pressefreiheit, die Gewissens- und Religionsfreiheit, die Versammlungs- und Meinungsfreiheit) beanspruchen darf und die moralische Verantwortung für sein Handeln übernehmen kann.

Das Recht, »Nein« sagen zu dürfen, und die Pflicht, »Nein« sagen zu müssen – damit kommt das geistige Zwillingspaar »Freiheit und Verantwortung« auf die Welt. Grundlage des Menschenbildes der folgenden Jahrhunderte. Grundlage jeder humanen Rechtsordnung. Startschuss für die Emanzipation des Individuums.

Woher hatte er das?

Gute Frage. Aus seiner profunden Bibelkenntnis vielleicht? Da ist Hiob, der sich auf seinen bisherigen Glauben und seine Lebenspraxis beruft und dem eisernen Dogma »Krankheit ist Strafe für Sünde« hartnäckig widerspricht. Jesus, der sich über die Lehrautorität der Priesterversammlung stellt und die Pharisäer fragt: »Ist der Sabbat für die Menschen da oder die Menschen für den Sabbat?!« (vgl. Markus 2,27). Da sind die Jesusjünger Petrus und Johannes, die Redeverbot bekommen und vor dem Religionsgericht sagen: »Muss man nicht Gott mehr gehorchen als den Menschen?!« (vgl. Apostelgeschichte 4,19). Paulus, der vor einem römischen Gericht als Aufrührer angeklagt seine Kehrtwende vom Christenverfolger zum Christusbekenner verteidigt (Apostelgeschichte 26,2-32).

Nachweisbar ist, dass Martin Luther oft an den ehemaligen Rektor der Prager Universität dachte: Johann Hus (1369–1415), der für die Gewissensfreiheit und ein »allgemeines

Priestertum« gepredigt und geschrieben hatte und am 6. Juli 1415 auf dem Konzil in Konstanz verbrannt worden war.

»Indem Luther den Satz aussprach, dass man seine Lehre nur durch die Bibel selber oder durch vernünftige Gründe widerlegen müsse, war der menschlichen Vernunft das Recht eingeräumt, die Bibel zu erklären. Dadurch entstand in Deutschland die Geistesfreiheit und die Befugnisse der Vernunft wurden legitim«, meint Dichter Heinrich Heine 300 Jahre später.[118]

Am 18. April 1521 in Worms endet das Mittelalter.

Weitere 100 Jahre danach geht der ansonsten lutherkritische Schriftsteller Thomas Mann so weit zu behaupten: »Indem er [Luther] die Unmittelbarkeit des Verhältnisses des Menschen zu seinem Gott herstellte, hat er die europäische Demokratie befördert, denn ›Jedermann sein eigener Priester‹, das ist Demokratie. Die deutsche idealistische Philosophie, die Verfeinerung der Psychologie durch die pietistische Gewissensprüfung (...), dies kommt von Luther.«[119]

Will man die Geschichte Europas in Epochen einteilen, kann man sagen: Am 18. April 1521 in Worms endet das Mittelalter. Ob die »Neuzeit« schon dort oder erst mit der französischen Revolution 1789 beginnt, ob es Martin Luther oder nicht doch erst Immanuel Kant war, der die »Aufklärung« begonnen hat – darüber mag man streiten. Die absolute Lufthoheit über die Gewissen der Menschen aber verlieren Kirche und Staat definitiv *hier*. Auf dem Reichstag in Worms. Auch ohne ein »Hier stehe ich«.

Luthers wichtigste Erkenntnis kam ihm auf dem Klo

Da saß er seltener, als ihm lieb war. Aber der Aufschrei »Ich bin hindurch, ich bin hindurch!« ist nirgends zweifelsfrei dokumentiert. Ein datierbarer Zeitpunkt für dieses sogenannte »Turmerlebnis« auf dem stillen Örtchen auch nicht. Worum geht's? Der 23-jährige Martin steht im Erfurter Kloster nachts um drei Uhr auf, um das Morgengebet zu sprechen. Es folgen Gebetszeiten im Dreistundentakt, es gibt wenig und einfaches Essen, die Zellen sind kalt, der Blick soll demütig gesenkt sein – alles, um Triebe und Bedürfnisse zu beherrschen und ein »Gott wohlgefälliges Leben« zu beweisen. Luther hofft, durch Askese und Versenkung eine beglückende Vereinigung der menschlichen Seele mit Gott zu erleben, empfindet aber einen immer größeren Abstand zwischen dem suchend-unvollkommenen Menschen und dem ewig-allmächtig-erhabenen Gott.

Der junge Mönch ist überzeugt, dass der Mensch zur Vollkommenheit berufen ist. Er stellt aber fest: Die erreicht niemand. Niemals. Weil der Mensch Fehler macht, das Falsche ersehnt, das Böse auslöst, kurz: weil er ein Sünder ist. Und der kann noch so viel beichten und büßen – dem zornigen, fordernden, herrischen Gott wird das nie genügen. »Das Schuldbekenntnis habe ich immer wieder abgelegt und die Strafe, die ich zur Buße tun musste, willig ausgeführt. Aber dennoch habe ich die erwünschte Gewissheit nie erlangt.«[120]

Die erwünschte Gewissheit wäre: Gott liebt mich, nimmt mich an, vergibt die Sünden und – holt mich aus einer Endlosspirale heraus: Immer neue Reue, Beichte, Bußübungen und gute Werke machen mich nämlich stolz auf meine Leistung. Stolz und Eitelkeit sind aber schon wieder die nächste Sünde, also geht der Zirkus der Zerknirschung von vorne los.

Als Luther mit 27 ins Kloster nach Wittenberg kommt, lernt er dort einen väterlichen Freund kennen: den Mitbegründer der Universität und Seelsorger Johann von Staupitz (1468–1524). Der sagt ihm auf den Kopf zu: »Nicht Gott zürnt dir, Martinus, sondern du zürnst Gott!«[121] Was man fast modern psychotherapeutisch finden könnte. Staupitz ermuntert Luther, statt über seine Selbstvervollkommnung auf Erden und die ewige Seligkeit im Himmel zu grübeln (»Wie kriege ich einen gnädigen Gott?«), lieber eine handfeste Doktorarbeit zu schreiben, »dann hättet ihr eine Aufgabe«. Und er empfiehlt ihm »den Mann ins Auge zu fassen, der Christus heißt!«[122] Christus steht zwischen dem vollkommenen, ewigen, erhabenen, unerreichbaren Gott und dem unvollkommenen, sterblichen, niederträchtigen Menschen. Sein Sterben am Kreuz kompensiert die Unzulänglichkeiten des Menschen rechtsgültig vor Gott.

Luther promoviert, bekommt den Lehrstuhl für Theologie, hält im Wintersemester 1513 eine Vorlesung über die Psalmen und zwei Jahre später eine über den Römerbrief. Dabei stolpert er über Römer 1,17: »Denn darin wird offenbart die Gerechtigkeit, die vor Gott gilt, welche kommt aus Glauben in Glauben; wie geschrieben steht: ›Der Gerechte wird aus Glauben leben.‹« Luther dazu: »Da endlich! Nach tage- und nächtelangem Nachsinnen kam es mir. Jetzt verstand ich, was Gerechtigkeit Gottes heißt: Sie ist das Geschenk, das den Menschen gerecht macht! Bevor du dir Christus zum Vorbild und Lebensbeispiel machst, musst du ihn annehmen und erkennen als eine Gabe und ein Geschenk, das dir von Gott gegeben wird und dir gehören soll.«[123]

»Da endlich! Nach tage- und nächtelangem Nachsinnen kam es mir. Jetzt verstand ich, was Gerechtigkeit Gottes heißt: Sie ist das Geschenk, das den Menschen gerecht macht!«
(Martin Luther)

Also nicht sein religiös-moralisches Bemühen macht den Menschen lieb Kind bei Gott, sondern Gott – von sich aus und aus Liebe – »kommt zur Welt« in Jesus Christus und versöhnt die Welt mit den Ansprüchen seiner Gebote. Wie? Indem er durch Christus stellvertretend verzeiht und vergibt, was kein Mensch je wiedergutmachen oder abbüßen könnte. Diese »Gnade«, diese »Rechtfertigung des Sünders« ist menschlich-juristisch-moralisch gedacht ungerecht. Sie ist von Gottes Liebe her gedacht aber »barmherzig gerecht«

und stiftet eine Beziehung liebevollen Vertrauens zwischen Mensch und Gott.

Wann Luther diese Gedanken kamen, ist in der Forschung umstritten. Weil er selbst von einer Art »Erleuchtung« in seiner Studierstube im Südturm des Wittenberger Augustinerklosters spricht, vermuten manche ein tatsächlich punktuelles »Turmerlebnis«, irgendwann zwischen seiner Ankunft in Wittenberg 1511 und seiner Römerbriefvorlesung 1515. Weil Luther aber auch sagt, »durch Schreiben, Lesen und Lernen hab ich zunehmend meine Erkenntnisse gewonnen«[124], gehen andere Forscher von einer schrittweisen geistigen Entwicklung bis 1518 aus.

Und warum auf dem Klo?

In der Vorrede zu seinen lateinischen Werken von 1545 berichtet Luther von seinem jahrelangen Nachdenken über den Begriff der »Rechtfertigung des Sünders«. In Johannes Aurifabers Aufzeichnungen der Tischreden Luthers taucht in dem Zusammenhang dann der Zusatz »super cloacam« auf. Was man nicht mit »ein super Klo« übersetzen sollte, sondern was »über den Abwässern« oder auch »trotz übler Gerüche« bedeutet. Am Turmfenster zum Hof zum Beispiel.

Eine andere Erklärungsvariante: Seit Bekanntwerden seiner 95 Thesen gegen den Beicht- und Ablass-Missbrauch im Winter 1517/18 läuft eine Rufmordkampagne gegen Luthers Texte. Ganz einfach: Was der schreibt, ist doch ein Scheiß! Später schmäht man auch den Texter selbst: Wer sich's mit Gottes Strafgericht und den geforderten Bußübungen so einfach macht, ist in Wirklichkeit ein feiger Hosenschisser.

Reiche Beute machen Luthers Gegner, als ein Magen-Darm-Leiden bekannt wird, das er in Briefen an Philipp Melanchthon beklagt. Am 12. Mai 1521 schreibt er: »Mein Stuhl ist so hart, dass ich gezwungen bin, ihn mit großer Kraft bis zum Schweißausbruch herauszustoßen. Gestern habe ich nach vier Tagen ein Mal ausgeschieden. Dadurch habe ich die ganze Nacht nicht geschlafen. Bitte betet für mich, denn dieses Übel wird unerträglich.«[125]

Ein anderer Freund, Georg Spalatin, schickt ihm Naturheilkügelchen und Luther bedankt sich: »Habe nun alles erhalten und nach Vorschrift versucht und bald darauf ohne Blut und gewaltsames Pressen laxiert.«[126] Leider halten Spalatins Pillen offenbar nicht lange vor. Am 9. September 1521 schreibt Luther: »Heute hatte ich endlich nach sechs Tagen Stuhl, dass es mir fast die Seele auspresste. Nun sitze ich da mit Schmerzen wie eine Wöchnerin: Aufgerissen, verletzt und blutig. Wenn erst in vier Tagen wieder etwas geht, geht die Verletzung von Neuem an. Noch bin ich schläfrig und träge, sodass ich mir sehr missfalle und verdrießlich bin.«[127] Auch vor 500 Jahren gab es schon einen Boulevard, der solche bedauernswerten Intimitäten genüsslich hinausposaunte. Der Denkfehler ist nur: Krank an Magen, Darm und Schließmuskel wurde Luther erst mit 38. Da war sein »Turmerlebnis« der Rechtfertigung des Sünders längst formuliert.

Luther war politisch eigentlich ein Kriegshetzer

Das ist gründlich falsch. Der Irrtum speist sich aus einem zusammenhanglosen Zitat Luthers an jene Fürsten, die Bauernaufstände niederschlugen: »Steche, schlage, würge hier, wer kann! Wohl dir, wenn du dabei stirbst. Einen seligeren Tod kannst du nicht erleben, denn du stirbst im Gehorsam gegen Gottes Gebot.«[128] So reden heutzutage nur islamistische Terroristen.

Was war da los?

Deutschland in den 1520er-Jahren, das sind rund 350 kleinstaatliche Territorien mit geschätzt 15 Millionen Einwohnern. Etwa 75 % von ihnen leben auf dem Lande, die meisten sind Bauern. Aber nur die wenigsten bewirtschaften ihren *eigenen* Grund und Boden. Der gehört Adelsfamilien, Fürsten, Grafen, Herzögen, Rittern, Bischöfen, Äbten, Ratsherren und reichen Bürgern. Die haben ein komplexes Wirtschaftssystem aus »Lehen« (langfristigen Erbpachtverträgen), Mieten, Natural- und Geldabgaben, Zoll- und Steuereinnahmen entwickelt. Sowohl gegenüber den Bauern als auch untereinander. Es funktioniert prima, solange keine Löhne gezahlt werden müssen. Die Landarbeiter sind nicht »Angestellte« im modernen Sinne, sondern »Hörige«. Sie ge-hören sozusagen zum Kapitalvermögen des Grundbesitzers oder -pächters. Subjektiv sind die Bauern frei. Sie sind Selbstversorger und können, theoretisch, von der Profitspanne leben, die sich zwischen den Herstellungskosten und dem

Marktpreis ihrer Produkte ergibt. Objektiv und de facto aber sind sie völlig unfrei. Nämlich abhängig davon, wie viel Zins, Tilgung und Steuern sie oder ihr »Lehnsherr« für die Fläche, die Wohn- und Wirtschaftsgebäude, die Nutztiere, die Pflanzen und die Gerätschaften abbezahlen müssen. Neben diesen »Schuldknechten« gibt es Bauern, die per Abstammung von vornherein »Leibeigene« sind, sie gehören wie Sklaven zum Besitz der Landbesitzer. Das hindert ihre »Herren« nicht, auch von ihnen hohe Abgaben vom Eigenanteil ihrer Ernten zu verlangen.

Kommen nun aber auch noch Missernten dazu oder die Pest, wie 1501/02 im Badischen, dann verhungern die Kinder, prostituieren sich die Frauen, verschulden sich die Männer untereinander. Und mancher Ritter, der als Steuereintreiber im Auftrag des Fürsten vorbeischaut, wird vom Pferd geholt und aufgehängt. Oder angezündet. Oder zerhackt. »Bundschuh« nennen sich die Aufständischen. Gemeint ist der handgeschnürte Lederschuh im Kontrast zum Reitstiefel eines Ritters. Als der Bischof von Speyer vom lediglich geplanten (!) Aufstand der 7000 Bauern in und um Bruchsal hört, lässt er zehn von ihnen vierteilen, das heißt von je einem Zugpferd an Armen und Beinen auseinanderreißen, und die Torsi an den Landstraßen aufhängen. Bis 1517 flammen im Elsass, am Oberrhein, im Odenwald, in Schwaben immer mal wieder regionale »Bundschuh«-Aufstände auf.

(Gegen ihre spätere Idealisierung durch das SED-Regime in der DDR muss man sagen: Die Lynchjustiz zorniger Bauern ereilt nicht nur *adlige* Reiche auf dem Land, sondern auch *jüdische* Händler und Geldverleiher in den Städten ...)

In diese politische Stimmungslage hinein kommen plötzlich Luthers Schriften unter die Leute:»Von der Freiheit eines Christenmenschen«,»An den christlichen Adel deutscher Nation«,»Vom Mönchsgelübde«. Der fromme Theologieprofessor aus Wittenberg wirkt wie ein Funke im Pulverfass. Der Druckkessel explodiert. Jetzt haben die Bauern nicht nur ihr Elend und die wirtschaftlichen Ungerechtigkeiten als Legitimation und Motivation, jetzt kämpfen sie für das Evangelium, für den rechten Glauben, gegen eine dekadent korrupte Papstkirche!

> Der fromme Theologieprofessor aus Wittenberg wirkt wie ein Funke im Pulverfass. Der Druckkessel explodiert.

Noch 1523 hat Martin Luther in einem Brief an Georg Spalatin beteuert:»Ich habe noch nie beabsichtigt, Ungehorsam, Uneinigkeit und Aufruhr anzuzetteln. Ich will nur dies eine: durch mein Reden und Schreiben Gottes Wort und Ehre nützen und *den Glauben und die Nächstenliebe fördern*.«[129]

Da kommen den Aufständischen mit Messer und Fackel in der Faust ja glatt die Tränen. Nee, nee, Herr Professor, statt gutherziger Absichten formulieren südwestdeutsche Bauern schon mal konkrete politische Forderungen.»Zwölf Artikel der Bauernschaft in Schwaben« heißt das Papier. Aufhebung der Leibeigenschaft. Geänderte Nutzungsrechte für Ackerbau, Forstwirtschaft und Jagd. Neuregelung von Zins und Tilgung bei Kreditverträgen. Mitsprache bei Steuerfestsetzungen. Wahl des Pfarrers durch die Gemeinde. Verteilung frei werdender Kirchengüter an Bedürftige usw.

Was uns heute wie ein mildes Gewerkschaftsprogramm vorkommt, war für eine theokratisch-hierarchisch denkende

Gesellschaft die reine Anarchie. Seit 1517 zerbröselt bereits die geistige und geistliche, die moralisch-wertesichernde Säule der Welt. Jetzt sägen ungebildete Bauern auch noch am juristisch-militärischen Stützpfeiler aller Ordnung. Ganz praktisch tun sie das: Klöster werden geplündert, Nonnen vergewaltigt, Kirchen verwüstet, Dörfer belagert und Burgen in Brand gesteckt. Aus Angst vor den Horden schlagen sich bereits einzelne Städte auf ihre Seite. Luther reist durch Thüringen und ist entsetzt: »Unter Lebensgefahr bin ich mitten unter den aufständischen Bauern gewesen.«[130]

Er gibt im April 1525 eine »Ermahnung zum Frieden« in Druck. Den Bauern schreibt er: »Ihr wollt es nicht leiden, dass man Euch Schaden und Unrecht zufügt. Ihr wollt frei sein, nur Gutes und Euer volles Recht haben. Aber Christus spricht, man soll dem Übel und Unrecht keinen Widerstand leisten. Wollt Ihr Euch nicht daran halten, dann sollt Ihr auch nicht die Bezeichnung ›christlich‹ für Euch beanspruchen. Es macht mir Sorgen, dass etliche Mordpropheten in Eure Reihen geraten sind.«[131]

Auf die politischen Forderungen der Bauern geht Luther inhaltlich kaum ein. Warum nicht? Weil er eine feige »Fürstenschranze« ist, wie jahrhundertelang viele libertinäre und revolutionäre Denker, viele Linke und Menschenrechtsaktivisten sagen werden? Oder weil er schlicht keine politischen Ideen hat außer der, dass die Bauern ja auch keine haben? Welche Herrschafts- und Staatsform soll denn bitte schön nach der Abschaffung der bestehenden kommen?

»Wie unendlich klein sich der ›große‹ Luther gegenüber der größten Frage seiner Zeit erwies! Was hatte er zu den zwölf Artikeln der Bauern zu sagen, die heute niemand mehr bestreitet? Nichts als leere Redensarten. Die Abschaffung der Leibeigenschaft verwarf er, ›weil Abraham auch Knechte hatte‹?! Der alttestamentliche ›Zehnte‹ als Maß für Abgaben imponierte ihm so sehr, dass er die Forderung der Bauern nach Ermäßigung als ›eitel Raub- und Strauchdieberei‹ bezeichnete?!«[132], wundert sich der Journalist, SPD-Politiker und Karl-Marx-Biograf Franz Mehring (1846–1919).

Luthers Konzept von den »zwei Regimenten« – dem irdischen Reich der Menschen auf Erden und dem himmlischen Reich Gottes im Jenseits – bedeutet für ihn: Die »Freiheit eines Christenmenschen« besteht ausschließlich im Freigesprochensein durch Christus, in der Vergebung Gottes für die Sünder. Bürgerliche oder gar revolutionäre »Freiheiten« sind nicht gemeint. Im Gegenteil, hier ist der Christ »ein

dienstbarer Knecht aller Dinge und jedermann untertan«.
Für Luther gibt es kein christlich begründetes Widerstands-
recht. Die »Obrigkeit«, wie er aus dem Brief des Paulus an
die Christen in Rom übersetzte, »die ist von Gott angeordnet.
Wer sich nun der Obrigkeit widersetzt, der widerstrebt der
Anordnung Gottes« (Römer 13,1-2). Basta.

Dass Luther damit auf Jahrhunderte hinaus das dumpfe
Duldertum entrechteter Arbeiter geistlich begründet, später
den typisch preußisch-protestantischen Kadavergehorsam
vorprogrammiert; dass er die Enttäuschung und Verachtung der Sozialreformer des 18. und 19. Jahrhunderts, die
Religionskritik der Sozialdemokraten, den Christenhass der
Kommunisten des 20. Jahrhunderts quasi unvermeidlich
auslöst – kann oder muss man ihm das rückwirkend zum
Vorwurf machen?

Den Fürsten schreibt er aber auch was ins Stammbuch:
»Was nützte es denn, wenn der Acker eines Bauern so viele

Goldstücke tragen würde wie Halme und Körner, aber die Herrschaft nur immer mehr abverlangt, um ihre Völlerei zu vermehren! Der arme Mann kann und will das nicht länger ertragen! Wo das Blutvergießen einmal anfängt, hört es so schnell nicht mehr auf. Es gibt dann nur ein Ende mit Schrecken.«[133]

Mal abgesehen davon, dass aus dieser Schrift unsere umgangssprachliche Redewendung »Ende mit Schrecken« stammt: Luthers Friedensappell ist dünn, lauwarm und kommt zu spät.

Die »Freiheit eines Christenmenschen« besteht für Luther ausschließlich im Freigesprochensein durch Christus, in der Vergebung Gottes für die Sünder. Bürgerliche oder gar revolutionäre »Freiheiten« sind nicht gemeint.

»Der Bauernaufstand, wenn er gesiegt hätte – evangelisch inspiriert, wie er war –, hätte der ganzen deutschen Geschichte eine glückliche Wendung zur Freiheit geben können. Luther aber hasste ihn, weil er in ihm nichts als eine wüste Kompromittierung seines Werkes der *geistlichen* Befreiung sah und den Aufstand deshalb bespie und verfluchte«, bedauert der Schriftsteller Thomas Mann und fasst zusammen: »Luther war groß und deutsch in seiner Doppeldeutigkeit als befreiende und zugleich rückschlägige Kraft. Er war ein konservativer Revolutionär.«[134]

Am 14. und 15. Mai 1525 besiegen rund 6000 bestens bewaffnete Soldaten unter der strategisch klugen Führung des Landgrafen Philipp von Hessen etwa 8000 desorganisierte Bauern, die mit Dreschflegeln, Sensen und Mistgabeln angetreten sind. Die Schlacht bei Frankenhausen in Thüringen ist militärisch kein Bauern-»Krieg«, sie ist ein Massaker.

Kurz vorher ergänzt Luther seine Schrift »Ermahnung zum Frieden« um einen Zusatz: »*Auch* gegen die räuberischen und mörderischen Rotten der *anderen* Bauern«[135]. Er will in seiner Kritik die verhandlungsbereiten von den anarchistischen Bauern unterscheiden, aber in der längst aufgeheizten Stimmung drucken viele Verleger nur den zweiten Teil des Pamphlets und müssen den Titel dementsprechend vereinfachen: »Wider die räuberischen und mörderischen Rotten der Bauern.« Bis das Blatt die Leser erreicht, ist der Bauernaufstand deutschlandweit niedergeschlagen.

Hat Luther als Kriegshetzer das Gemetzel von Frankenhausen schon vorher mit initiiert? Nein, das wäre eine unzulässige Rückdatierung, finde ich.

Luther hatte keine Lust,
das Alte Testament zu übersetzen

Doch. Aber nicht so viel Zeit am Stück wie beim Neuen Testament. Und nicht so viel Freiheit beim Übersetzen. Und nicht so viel Applaus für sich alleine.

Schon im Januar 1522, im Versteck auf der Wartburg, stöhnt er in einem Brief:»Ich habe mir damit (dem Neuen Testament) eine Last aufgeladen, die über meine Kräfte geht. Nun sehe ich, was Dolmetschen heißt und warum es bisher niemand versucht hat, der seinen Namen dafür hergegeben hätte. Das Alte Testament werde ich nicht anrühren, wenn ihr nicht dabei seid und mitarbeitet.«¹³⁶

Dabei bleibt es: Noch bevor das deutsche NT, die»Septemberbibel« von 1522, herauskommt, stellt Luther schon ein Team aus Sprachwissenschaftlern, Theologen und Sekretären für das AT zusammen: Philipp Melanchthon, klar, die Hebräisch-Experten Johann Forster, Bernhard Ziegler und Matthäus Aurogallus, seinen Unikollegen Nikolaus von Amsdorf von der Philosophie, die Pfarrer Georg Rörer und Johannes Bugenhagen als Protokollanten, seine Freunde Justus Jonas und Caspar Cruciger als Lektoren.

Smartphones gibt es noch nicht, »Selfies« knipst noch keiner, aber der Sohn des Malers Lukas Cranach, Lukas Cranach der Jüngere, quetscht neun von diesen zehn Herrschaften in ein einziges Gemälde.

Aber weil Luthers Aufmerksamkeit und Zeit von radikal religiösen »Schwärmern« beansprucht wird, vom politischen Flächenbrand der Bauernaufstände und -kriege gegen die Fürsten, von einer gewissen Katharina von Bora, von Familiengründung, Abendmahlsstreit, Reichstag zu Augsburg und der Abfassung stets neuer Aufsätze, dauert es zwölf Jahre (!), bis dieses Wittenberger Dreamteam im Sommer 1534 endlich ihr Mammutwerk »Biblia, das ist die gantze Heilige Schrift Deudsch« herausgeben kann. Drucken darf das diesmal nicht Melchior Lotter, sondern sein Konkurrent Hans Lufft und der liefert schon in den ersten drei Jahren 100 000 Exemplare aus.

Ich staune immer, woher in Geschichtsbüchern die Bevölkerungszahlen kommen. Fürs Mittelalter zum Beispiel, als die Geburtenrate hoch war, die Kindersterblichkeit aber auch; als die Pest und regionale Kriege Zigtausende dahinrafften, aber große Flüchtlingsströme die entvölkerten Dörfer wieder füllten und es bei alledem kein Einwohnermeldeamt gab. Aber dass »jeder dritte Erwachsene Mitte des 16. Jahrhunderts eine Lutherbibel besaß«[137], scheint wahrscheinlich, denn bereits nach wenigen Jahren sind Redewendungen und Wörter fest in die Umgangssprache eingegangen, die erst Martin Luther »erfunden« hat: Feuertaufe, Bluthund, Selbstverleugnung, Machtwort, Schandfleck, Lückenbüßer, Gewissensbisse, Lästermaul und Lockvogel. Metaphorische Redewendungen wie »Perlen vor die Säue werfen«, »ein Buch mit sieben Siegeln«, »die Zähne zusammenbeißen«, »etwas ausposaunen«, »im Dunkeln tappen«, »ein Herz und eine Seele«, »auf Sand bauen«, »Wolf im Schafspelz« und »der große Unbekannte« gehen auf Luther zurück.[138]

Oder hatte Martin weniger Lust aufs Alte Testament als aufs Neue, weil es ja nun auch endlose Geschlechtsregister, zahllose doppelt erzählte Geschichten und kleinteilige jüdische Religionsvorschriften enthält?

»Man darf das Alte Testament nicht verachten«, warnt Luther, »man muss es sogar gründlich lesen. Hier wirst du die Windeln und die Krippe finden, in der Christus liegt.«[139] Gemeint ist: Das Alte Testament versteht nur derjenige richtig, der es als Vorspann und Hinweis auf Jesus Christus liest, beziehungsweise der es von Christus her entschlüsselt. Die Frage ist ja unter Christen seit 500 Jahren aktuell: Ist auch das (zum Teil grausame, widersprüchliche, in der Schilderung gleicher Szenen eklatant abweichende, in Orts- und Zeitangaben irritierende) Alte Testament »Gottes Wort«?

Luther sagt: »Ja, aber«. Ja, aber Gottes »Schrift gewordenes Wort« legt sich richtig aus durch Gottes »Fleisch gewordenes

> »Man darf das Alte Testament nicht verachten, man muss es sogar gründlich lesen. Hier wirst du die Windeln und die Krippe finden, in der Christus liegt.« (Martin Luther)

117

Wort«. Das bedeutet: Kein Ge- und kein Verbot des Alten Testaments kann und darf mehr an Christus vorbei angewendet werden, so als hätte es Jesus und seine Lehre, sein Leben, Sterben und Auferstehen nicht gegeben. Gemessen und gewogen, als verbindlich übernommen oder als zeitbedingt belassen, wird alles mithilfe des einen entscheidenden Maßstabs: Christus!

»Gott gehorsam sein« bedeutet für Luther nicht, jede Vorschrift des AT akribisch zu befolgen oder möglichst alle Verse wortwörtlich anwenden zu wollen. Gott gehorsam sein bedeutet: Christus vertrauen. Ihm, seinem Wesen, seiner Haltung, seiner Gesinnung, seinen Absichten Folge leisten. Und wenn dann Fundamentalisten (Menschen, die nur dann Christus vertrauen wollen, wenn jede Vokabel der Bibel »irrtumslos und widerspruchsfrei verbalinspiriert« von Gott diktiert wurde, wie US-Amerikaner in den 20er-Jahren des 20. Jahrhunderts meinten) darauf verweisen, Jesus sei als gläubiger Jude ja dem Alten Testament verpflichtet gewesen, würde ihnen Luther entgegenhalten: »Pass auf, dass du aus Christus keinen Moses machst, aus dem Evangelium kein Gesetzbuch, wie es bisher immer geschehen ist.«[140]

Lohnt es sich denn dann überhaupt, das AT zu lesen? Und wie! Luthers bahnbrechende »neue« Gedanken, die ab 1517 alles veränderten – die deutsche Sprache, die Kirche, die Gesellschaft, die Politik, das Welt- und Menschenbild bis heute –, kamen ihm ja nicht über Nacht, sondern wurden maßgeblich vorbereitet durch seine Psalmen-Vorlesung an der Uni Wittenberg im Wintersemester 1513. Dankpsalmen, Reuepsalmen, Rachepsalmen...

Auch im Umgang mit dem Alten Testament, der hebräischen Bibel, zeigt Luther einerseits eine »heilige« Ehrfurcht vor dem Text, andererseits eine unbekümmerte Freiheit: Die – in der griechischen wie lateinischen Übersetzung noch fest im AT eingebundenen – ersten beiden Bücher Makkabäus, das Buch Judith, das Buch Tobias, das Buch Jesus Sirach und das Buch »Weisheit Salomos« sortiert er kurzerhand aus. Findet er nicht sooo wichtig. Und nennt sie »Apokryphen«. Weshalb bis heute Katholiken eine dickere Bibel haben als Protestanten...

Programmatisch ist Luthers Bild vom Alten Testament als Wald: »Die Heilige Schrift ist wie ein sehr großer weiter Wald, darinnen viel und allerlei Bäume stehen, davon man kann mancherlei Obst und Früchte brechen. Man hat in der Bibel reichen Trost, Lehre, Unterricht, Vermahnung, Warnung, Verheißung und Drohung. Es ist kein einziger großer Baum in diesem Walde, daran ich nicht geklopft und ein paar Äpfel oder Birnen davon gebrochen und geschüttelt hätte.«[141]

Luther war der erste Lutheraner

Nein. Der erste Mensch, den man »Lutheraner« nannte, war Thomas Müntzer. 29 Jahre jung, Pfarrer in Jüterborg. 1518 trug er die Benennung noch mit Stolz. Später nicht mehr. Thomas Müntzer – den Namen kannte in der DDR fast jeder. Rund 200 sogenannte »Landwirtschaftliche Produktionsgenossenschaften« hießen »LPG Thomas Müntzer«, Gruppen der staatlichen Jugendorganisation »Freie deutsche Jugend«, FDJ, und sogar Einheiten der Nationalen Volksarmee hießen »Brigade Thomas Müntzer«. Jeder DDR-Bürger hatte sein Bild schon mal in der Hand, auf einem 5-Mark-Schein nämlich. Der erste »Lutheraner« war auch der einzige Theologe, der je die Banknote eines sozialistischen Staates zierte.

Wie das?

Thomas, als Sohn eines Münzprägers in Stolberg im Harz geboren, studiert Jura, Medizin und Theologie, wird 1514 in Braunschweig zum (katholischen) Priester geweiht und – lässt sich 1518 von Luthers Reformvorschlägen überzeugen. An seiner nächsten Dienststelle in Jüterborg verkracht er sich mit den dortigen Franziskanermönchen. An seiner übernächsten, in Zwickau, solidarisiert er sich mit aufständischen Tuchmachern und Webern. Es kommt zum Eklat mit der Kirchen- und Stadtverwaltung. 1521 flieht er bei Nacht und Nebel aus Zwickau nach Prag. Die Kollegen Priester und Mönche nennt er »hochverdammte Bösewichte, beelzebubische Knechte, eine Plage des armen Volks, wuchersüchtig zinsaufrichtende Pfaffen, Hurenhengste und Labscheißer, närrisch stroherne Gelehrte und hodensäckige Doktores.«[142]

Man ist nicht zimperlich. Dazu passt, dass er Dokumente unterschreibt mit »Thomas Müntzer mit dem Hammer«. Er hat ein konkretes Menschenbild vor Augen, an dem er sich orientiert: den einfachen, frommen Laien als »echten Nachfolger Jesu Christi«. Diesen Idealtyp sieht er in rebellischen Arbeitern und Bauern verwirklicht. Dem inneren Bekehrungsprozess des Einzelnen muss eine äußere Umkehrung der Verhältnisse folgen, meint Müntzer. Weil man den Menschen nicht in einen geistlichen und einen leiblichen Teil auseinanderdividieren kann, muss der Heilsprozess zwischen Gott und Mensch zu einem Weltprozess zwischen König und Untertan führen. Das »Reich Gottes« im Herzen und im Himmel braucht eine Entsprechung im »Reich der Welt«. Die sieht Müntzer in der Gütergemeinschaft der ersten Christengemeinde in Jerusalem modellhaft vorgegeben: »Alle aber, die gläubig geworden waren, waren beieinander und hatten alle Dinge gemeinsam. Sie verkauften Güter und Habe und teilten sie aus unter alle, je nachdem es einer nötig hatte. Und sie waren täglich einmütig beieinander im Tempel und brachen das Brot hier und dort in den Häusern, hielten die Mahlzeiten mit Freude und lauterem Herzen« (Apostelgeschichte 2,44-46).

Dass die Kirchenoberen – die katholischen sowieso, aber leider nun auch die evangelischen – dies für »Schwärmerei« halten (wir würden heute sagen: für Sozialromantik), bedeutet für Müntzer: Sie haben Christus und sein Evangelium verraten und »kein pechgesalbter Pfaffe und kein geistscheinender Mönch kann den Grund des Glaubens im allergeringsten Stäublein kundsagen«.[143]

Er hält die »Messe«, wie man auch evangelische Gottesdienste immer noch nennt, komplett in deutscher Sprache und so ist es kein Wunder, dass vor allem die Armen, die Unterdrückten der Gesellschaft, in hellen Scharen Müntzers flammende Predigten in Allstedt/Thüringen besuchen. Als der (mit Luthers Eltern befreundete) Graf von Mansfeld 1523 das aufmüpfige Treiben verbietet, schreibt ihm Müntzer: »Ich werde dich als Schalk, Bösewicht, Buben und Heiden achten. Wolltest du den Lauf des Evangeliums aufhalten, so wird dir das Schwert genommen und dem gemeinen Mann gegeben werden und der Geist wird ein Regiment aufrichten, das von keinem Pulverfass umgestoßen werden kann.«[144]

Das »Schwert«, also die Gesetzgebung, die Polizei und Justiz, in der Hand des Volkes? Geistiger Widerstand, den kein Schießpulver brechen kann? In einem einzigen Satz hat Thomas Müntzer den Gedanken des *Volkssouveräns* – Grundlage jeder modernen Demokratie – und die Berechtigung des zivilen Ungehorsams aus Gewissensgründen angesprochen.

Er ist von Luthers Reformation schon enttäuscht, während sie noch in vollem Gange ist. Auf die sozialen und wirtschaftlichen Lebensbedingungen der einfachen Leute hat sie keine Auswirkung, für die Fürsten wirkt sie machtstabilisierend, findet Müntzer. Die Bauern finden das auch und stellen eine einfache, aber radikale Frage: »Alle Gebote Gottes und Sitten der Apostel sollen nun befolgt werden, nur eine nicht: die Gütergemeinschaft. Und die Gleichheit aller Menschen.«[145]

Und Luther? Luther kontert mit einer Hetzschrift »Wider den aufrührerischen Geist zu Mülhausen« (wo Müntzer inzwischen wirkt) und die gehört nicht zu den Ruhmesblättern des Reformators: »Müntzer, der Erzteufel, der nichts denn Raub, Mord und Blutvergießen anrichtet und schon in Kaisers und Gottes Acht ist (geächtet ist), sodass, wer am ersten kann und mag, denselben erwürgen recht wohl tut.«[146]

Wie schnell doch aus verfolgten Ketzern verfolgende Ketzerjäger werden ... Leider wahr: Luther spricht aus, was Islamisten heutzutage eine »Fatwa« nennen, einen Mordaufruf. Und zementiert die bestehenden Unrechtsverhältnisse auf Jahrhunderte hinaus so: »Die Taufe macht nicht Leib und Gut frei, sondern die Seelen! Auch macht das Evangelium nicht die Güter gemein, sondern allein die, welche solches freiwillig tun, wie die Apostel und Jünger taten. Welche ja nicht die fremden Güter des Pilatus und Herodes gemein zu sein forderten, wie unsere unsinnigen Bauern toben, sondern *nur ihre eigenen* Güter gemein hatten!«[147]

Thomas Müntzer ist von Luthers Reformation schon enttäuscht, während sie noch in vollem Gange ist.

Damit schlagen sich Theologen auch 500 Jahre später noch herum: Geht es im Evangelium nur ums Seelenheil oder auch ums Körperwohl? Geht es nur um die Rechtfertigung des Sünders im Himmel oder auch um die Gerechtigkeit für den Sünder auf Erden? Lehrt die Kirche nur beten oder auch kämpfen? Soll und darf sie sich in wirtschafts- und sozialpolitische Fragen einmischen, muss sie es im Namen Jesu sogar oder »hat Politik auf der Kanzel nichts verloren«, wie es oft heißt?

Pikanterweise werden es die stets sozial engagierten frommen Pietisten des 19. Jahrhunderts und die katholischen

Armenpriester des 20. Jahrhunderts sein, die näher bei Thomas Müntzer stehen als bei Martin Luther ...

Der frühe Vogel fängt den Wurm? Ja. Er erstickt aber dran, wenn er allzu früh singt: 250 Jahre vor der Französischen Revolution und 400 Jahre vor der kommunistischen Revolution in Russland will Müntzer nichts weniger als die Vergesellschaftung der Produktionsmittel. Er antwortet Luther und schreibt eine »Hochverursachte Schutzrede wider das geistlos sanftlebende Fleisch zu Wittenberg«, in der er den Vorwurf des Aufruhrs mit dem Hinweis entkräftet, er habe am 1. Juli 1524 doch dem Herzog Johann »klärlich ausgebreitet, dass *eine ganze Gemeinde* Gewalt des Schwerts habe«[148].

Das wird den Herzog nicht gefreut haben. Demokratie?? So unvorstellbar wie ein Jumbojet auf der Dorfstraße. Dabei denkt Müntzer im Grunde nur konsequent: Was Luther als Entmachtung der Bischöfe zugunsten eines allgemeinen Priestertums der Laien angestoßen hatte, will er jetzt als Entmachtung der Fürsten zugunsten einer Herrschaft des Volkes fortführen. »Gleichwohl kommt Vater Leisetritt, ach, der kirre Geselle, und saget, ich wollte Aufruhr machen. Luther saget, die Fürsten sollten getrost auf Diebe und Räuber dreinschlagen. Er verschweigt aber den Ursprung aller Dieberei: Sieh her, die Grundsuppe des Wuchers und der Räuberei sind unsere Herren und Fürsten! Sie nehmen alle Kreatur zum Eigentum: Die Fische im Wasser, die Vögel in der Luft, das Gewächs auf Erden – muss

---

Pikanterweise werden es die stets sozial engagierten frommen Pietisten des 19. Jahrhunderts und die katholischen Armenpriester des 20. Jahrhunderts sein, die näher bei Thomas Müntzer stehen als bei Martin Luther ...

---

alles ihrs sein! Darüber lassen sie dann Gottes Gebot ausgehen und sagen den Armen: Du sollst nicht stehlen. So sie nun den armen Ackermann, Handwerksmann und alles, was da lebet, schinden und schaben – so er sich dann vergreift am Allergeringsten, so muss er hängen. Da sagt dann der Wittenberger Dr. Lügner ›Amen‹! Die Herren machen das selber, dass ihnen der arme Mann feind wird. Die Ursache des Aufruhrs wollen sie nicht wegtun. So ich das sage, muss ich aufrührerisch sein, wohlhin!«[149]

Müntzers Klage beschäftigt auch 500 Jahre später noch die UNO in New York, den internationalen Gerichtshof in Den Haag, Regierungen auf der ganzen Welt, zigtausend Umwelt- und Menschenrechtsorganisationen, Kirchenbünde und christliche Hilfswerke: Wem gehören Wasser und Luft? Wer erwirbt von wem und für wie lange Grund und Boden? Wem gehören die Nutzungsrechte an Bodenschätzen und Rohstoffen? Oder eine Nummer kleiner: Mit dem Wort »Bankräuber« sind seit dem Crash von 2008 doch nicht mehr die Herren mit Strumpfmaske und Knarre gemeint, sondern eher die im Nadelstreifenanzug auf dem Börsenparkett … »Die Kleinen hängt man auf, die Großen lässt man laufen« – eine sprichwörtliche Redewendung des »ersten Lutheraners« Thomas Müntzer.

Der erste Lutheraner träumte von einem demokratischen Gottesstaat?

Und wie. Müntzer ist nicht nur von seinem Gerechtigkeitssinn und der Solidarität mit den Armen beseelt, sondern auch von den apokalyptischen Schriften der Bibel und der Kirchengeschichte. Die Bücher Daniel und Hesekiel im

Alten Testament, die Offenbarung des Johannes im Neuen Testament, die Mystiker des frühen Mittelalters. Besonders haben es ihm die Verse 26 und 27 im 7. Kapitel des Buches Daniel angetan: »Danach wird das Gericht gehalten werden; dann wird ihm seine Macht genommen und ganz und gar vernichtet werden. Aber das Reich und die Macht und die Gewalt über die Königreiche unter dem ganzen Himmel wird dem Volk der Heiligen des Höchsten gegeben werden, dessen Reich ewig ist, und alle Mächte werden ihm dienen und gehorchen.«

Diese Prophezeiung erfüllt sich gerade, meint Müntzer, als er Südwestdeutschland bereist und von den aufständischen Bauern der »Bundschuh«-Bewegung inspiriert wird. Wieder daheim in Thüringen hört er von regionalen Etappensiegen der Bauern und glaubt darin den endzeitlichen Kampf zwischen Satan und dem wiederkommenden Christus zu erkennen. Unter einer weißen Fahne mit Regenbogen – Zeichen der Unschuld und der Treuezusage Gottes – marschiert Pfarrer Müntzer an der Spitze des Bauernheeres am 26. April 1525 aus Mülhausen heraus:»Fanget an. Die Bauern im Klettgau und Hegau des Schwarzwaldes sind auf. Dreimal tausend stark und wird der Hauf je länger je größer. Reget an. Dran, dran! Dieweil das Feuer heiß ist. Lasset Euer Schwert nicht kalt werden. Schmiedet pinke panke auf den Ambossen Nimrods (Enkel Noahs, ›der erste Gewaltherrscher auf Erden‹, 1. Mose 10,8)! Werfet ihnen den Turm zu Boden. Dran, dran, dieweil ihr Tag habt. Gott gehet euch voran!«[150]

Der Traum von einer frühchristlich-brüderlichen Gütergemeinschaft echter Nachfolger Christi, denen der wiederkommende Herr in einer Endzeitschlacht den Sieg bringen wird, dauert nur vierzehn Tage.

Landgraf Philipp von Hessen hat die Aufständischen auf dem Hausberg bei Frankenhausen in Thüringen eingekesselt und macht ihnen ein Angebot: Freies Geleit für die, die »bös verführet wurden«, wenn sie ihren Rädelsführer ausliefern. Da erscheint über den Zelten am Fuß des Kyffhäuserbergs rund um die untergehende Sonne ein farbiger Hof, ein Sonnenhalo. Mit etwas Fantasie genau jener Regenbogen, den Thomas Müntzer auf seiner Fahne hat!

Das Naturschauspiel wirkt auf die Bauern wie ein Adrenalinstoß. Niemals werden sie ihren Feldprediger und Propheten ans Messer liefern![151] Die Fürstensoldaten nutzen das ergriffene Staunen zum Überraschungsangriff. Innerhalb von zwei Tagen werden 6 000 Aufständische getötet. Thomas Müntzer flieht hinter die Stadtmauern von Frankenhausen in die Dachkammer eines Hauses am Angertor, wird dort von einem Knecht des hessischen Edelmanns Otto von Eppe entdeckt und anhand eines Briefes identifiziert, den er bei sich trägt. Wie unter Landsknechten üblich, wird der Gefangene als »Beutepfennig« an Herzog Georg von Mansfeld übergeben, der ihn noch am 15. Mai auf das Wasserschloss Heldrungen an der Unstrut bringen lässt. Zehn Tage lang wird Thomas Müntzer dort verhört und gefoltert und am 27. Mai 1525 vor den Toren der Stadt Mülhausen enthauptet. Seinen Kopf »setzten sie an die Wegscheide bei der Schadeberger Warte, als (wo) man nach Bollstedt gehet«.[152]

Müntzers Kopf auf einer Stange – was als Abschreckung gemeint ist, gerät in den Folgejahren zum Wallfahrtsort. Martin Luther bedauert, dass der Pfad dort noch lange ausgetreten bleibt.[153]

Und die DDR-Führung?

Erich Honecker hat Müntzers problematische Forderung nach einem evangelisch-demokratischen Gottesstaat offenbar nicht ganz verstanden. Zur Einweihung des Bauernkriegs-Denkmals in Frankenhausen lässt er im September 1989 im Parteiorgan »Neues Deutschland« verlautbaren: »Im 40. Jahr ihrer Gründung ehrt die Deutsche Demokratische Republik Thomas Müntzer in dem Bewusstsein, mit dem Sieg über die Ausbeuterklasse und der Gestaltwerdung der entwickelten sozialistischen Gesellschaft das Vermächtnis aller revolutionären Kräfte zu erfüllen.«[154]

Acht Wochen später war Schluss mit der Gestaltwerdung der sozialistischen Gesellschaft.

Luther wollte sich einen Namen machen

Ein Irrtum, der schon zu seinen Lebzeiten unvermeidlich war.

»Ich bitt', man wollt' meines Namens geschweigen und sich nicht ›lutherisch‹, sondern ›Christen‹ heißen! Was ist Luther? Ist doch die Lehre nicht mein und bin ich auch für niemanden gekreuzigt worden. Wie käme denn ein stinkender Madensack dazu, dass man die Kinder Christi sollte mit seinem heillosen Namen ehren!«[155] Das klingt bescheiden, setzt aber einen bereits bestehenden »Star-Rummel« voraus.

Ob Männer am Stammtisch oder Frauen auf dem Markt miteinander ratschen – ihre Plauderei braucht Helden und

Schurken. Leute, die man verehren kann, und Leute, die man verachten kann. Und wenn von beidem ein bisschen was in ein und derselben Person steckt – umso besser! Das ist heute nicht anders. Seit dem mittelalterlich legendären Robin Hood (»ein Gauner, aber irgendwie auch gut«) gibt es so eine Haltung der »offiziellen Missbilligung bei heimlicher Sympathie«. Denken Sie an Posträuber Ronald Biggs in den 60er-Jahren oder Formel-1-Trickser Bernie Ecclestone heute. Oder an den Diktatorenfreund und Korruptions-Amigo Franz Josef Strauß. Oder an den Steuersünder Uli Hoeneß. Nach der moralischen Empörung kommt am Stammtisch so ein kurzes, anerkennendes Kopfnicken.

Auf Bayrisch: »Oba a Hund is er scho.« Was so viel heißt wie »nicht regelkonform, aber gerissen und erfolgreich«.

Ungefähr diese Stimmung dürfte an den Tresen Wittenberger Kneipen geherrscht haben, seit ein Mönch von *hier,* aus *unserer* Stadt erst zum Ketzerverhör auf den Reichstag nach Augsburg und dann zur Thesenverteidigung vor Professor Johann Eck nach Leipzig gefahren ist! Worum es da im Einzelnen ging – ob man Luthers theologische Kritikpunkte, Forderungen und Reformvorschläge an die Kirche verstanden hat oder gar teilt –, spielt seit dem 10. Dezember 1520 keine Rolle mehr:

Da brennt nämlich vor dem Elstertor in Wittenberg ein Feuer. Und Martin Luther, Philipp Melanchthon und einige Studenten werfen die sogenannte »Bannandrohungsbulle«

> »Was ist Luther? Ist doch die Lehre nicht mein und bin ich auch für niemanden gekreuzigt worden. Wie käme denn ein stinkender Madensack dazu, dass man die Kinder Christi sollte mit seinem heillosen Namen ehren!« (Martin Luther)

des Papstes hinein. Ein päpstliches Schreiben, in dem Luther aufgefordert wird, innerhalb von 60 Tagen seine Thesen zu widerrufen. Andernfalls würde er »in Bann und Acht getan«, also steckbrieflich verfolgt werden. Der päpstliche Verhandlungsführer Johann Eck hatte die amtliche Benachrichtigung aus Rom zur Leipziger »Disputation« (öffentlichen Diskussion) im Juni 1519 mitgebracht. Knickt Luther vor der Drohung ein? Nein, er verbrennt sie öffentlich.

Die Reaktion kommt prompt: Am 3. Januar 1521 unterzeichnet Papst Leo X. die angekündigte »Bann-Bulle«, ein mit Bleisiegel (»bulla«) beglaubigtes Dokument des Kirchenausschlusses und der Rechtlosigkeit. Wörtlich: »Da nun Martinus seine Irrtümer nicht in der ihm gesetzten Frist widerrufen hat, so ist er öffentlich zu einem Ketzer geworden und als solcher anzusehen und alle Christgläubigen sollen ihn fliehen oder meiden. Und alle, die ihm folgen, ihn beschirmen, hegen, pflegen, oder irgendwie zu unterstützen sich erkühnen und ihm Rat, Hilfe und Vorschub zu leisten keine Bedenken haben – die werden für gebannte und verfluchte Leute gehalten, sie und ihre Abkömmlinge, die damit aller Ehren, Würden und Güter verlustig sind.«[156]

Jetzt ist es gefährlich, mit Luther überhaupt Kontakt zu haben. Die öffentliche Erregungskurbel – wir würden sagen: der Medienhype – dreht eine nächste Runde. Aber Kaiser Karl V. schickt keine Auftragskiller nach Wittenberg, sondern eine Einladung zum Reichstag! Wie bitte? »An unseren lieben, ehrsamen, andächtigen Doktor Martinus Luther« schreibt er am 26. März 1521!

Der Magistrat von Wittenberg lässt sich vom Bann nicht einschüchtern: Luther und seine drei Begleiter bekommen ein ganz modernes »Rollwäglein« zur Verfügung, eine Kutsche mit drei Pferden, sowie »Zehrgeld« und einen berittenen Herold als Bodyguard. Dessen Flagge mit Reichsadler ist die weithin sichtbare Visitenkarte, die Wegelagerer oder Raubritter warnen soll.

Als sich Luther am Samstagabend, den 6. April 1521 der Stadt Erfurt nähert, kommen ihm vierzig Reiter entgegen: Universitätsrektor Crotus Rubeanus und seine Studenten bitten zu Empfang und Dinner in Luthers ehemaliges Augustinerkloster. Die Straßen sind von jubelnden Massen gesäumt, am Ende des Triumphzuges wartet Luthers alter Freund Johannes Lang. Man bittet den Reformator, am nächsten Morgen den Gottesdienst zum »Weißen Sonntag« zu halten. Die Kirche ist brechend voll. Ähnliche Spektakel wiederholen sich in Gotha, Eisenach, Frankfurt und Mainz. Jetzt kann es Luther nicht mehr leugnen: Er wird als Volksheld gefeiert. Wider Willen? Oder auch ein bisschen selbst inszeniert?

»Ich will mit meinen Büchern und Flugschriften nicht Ruhm und Ehre einheimsen. Fast jedermann verurteilt an mir meine Heftigkeit. Aber ich meine (...), dass das, was in unserer Zeit mit Ruhe behandelt wird, bald in Vergessenheit gerät, ohne dass jemand sein achtet (es beachtet). Wer kann sagen, ob mich nicht der Geist mit seinem Ungestüm vorwärtsreibt, da ich doch gewisslich nicht aus Gier nach Ehre, Gut oder Beifall so handle!«[157]

Jetzt kann es Luther nicht mehr leugnen: Er wird als Volksheld gefeiert.

Wie sich Luthers Einzug in die Stadt Worms am Vormittag des 16. April 1521 gestaltet, wissen wir aus den akribischen Aufzeichnungen eines römischen »Spitzels«, des päpstlichen

Nuntius (Abgesandten) Hieronymus Aleander: »Aus dem hastigen Rennen des Volkes entnahm ich, dass der große Ketzeroberste seinen Einzug hielt. Ich schickte selbst einen meiner Leute aus, der mir hinterbrachte (meldete), dass ihm bis zu hundert Reisige (berittene Söldner) bis ans Stadttor das Geleit gaben. Mit drei Genossen in einem Wagen sitzend zog er in die Stadt ein, gesäumt von acht Berittenen, und nahm seine Herberge in der Nähe des sächsischen Fürsten. Als er vom Wagen stieg, blickten seine dämonischen Augen im Kreise umher und er sagte: Gott wird mit mir sein! Dann trat er in eine Stube, wo er mit zehn bis zwölf Herren speiste. Nach der Mahlzeit lief alle Welt hin, ihn zu sehen. Ein Priester berührte dreimal ehrfurchtsvoll das Gewand Luthers, als hätte er eine Reliquie in Händen gehalten. Bald wird es heißen, er könne Wunder vollbringen.«[158]

Für den Fall, dass Luther das nicht kann, liegen bereits wundertätige Amulette, kleine Medaillons und Bilder mit dem Porträt Martin Luthers auf den Markttischen in Worms: »Nichts anderes wird mehr gekauft, sogar im Hofstaat des Kaisers: Bilder Luthers! Sie waren so schnell feilgeboten und abgesetzt (ausverkauft), dass ich keins mehr bekommen konnte«[159], klagt der päpstliche Repräsentant. Wie schade. Er wollte also auch eins. Nur aus beruflichem Interesse, klar.

Hat Luther den Star-Rummel genossen?

Wissen wir nicht. Hat er seine Popularität als Schutzschild empfunden, weil man einen berühmten Volkshelden nicht einfach umbringen kann? Eher unwahrscheinlich. So denken wir heute, wo selbst Diktatoren auf ihr internationales Ansehen achten müssen. Kaiser Karl, dem Papst und den deutschen Bischöfen aber konnte die »öffentliche Meinung«

herzlich egal sein. Die Stimmung unter den Landesfürsten allerdings nicht! Von *deren* Macht (und Geld) waren sie zum Teil empfindlich abhängig. Insofern war es für Luther überlebenswichtig, bei *denen* einen »guten Namen« zu haben. Den aber erwarb er sich nicht durch inszenierte Eitelkeit, sondern durch Mut – und durch eine authentische, irritierend herzlich-kindliche Frömmigkeit.

Man kann sich fragen, warum der sächsische Landesherr Friedrich der Weise so oft, so diskret und so erfolgreich seine schützende Hand über Luther gehalten hat. Hat er ihn nur als willkommenes Instrument für politische Nadelstiche gegen Kaiser und Papst benutzt? Oder war ihm der ganze Konflikt lästig und er hat seinen Chefdiplomaten Georg Spalatin angewiesen, »den Ball flach zu halten«, wie wir heute sagen würden? Oder war Friedrich der Weise tatsächlich beeindruckt von Luthers Charisma und hat ihn aus Überzeugung protegiert? Immerhin war die Wittenberger Universität die meist-besuchte, seit Luther und Melanchthon dort unterrichteten.

»Ich fuhr zur Herberge von Kurfürst Friedrich«, erzählt Luther später über seine Ankunft in Worms, »aber dem war es gar nicht wohl, dass ich nun doch zum Reichstag gekommen war.«[160] Hat er ihm das persönlich gesagt? Oder nur ausrichten lassen und eine Audienz verweigert, um nicht schon als Ketzerfreund etikettiert zu werden, bevor der Fall entschieden ist? Im Kinofilm »Luther« von 2003 begegnen sich Joseph Fiennes alias Luther und Sir Peter Ustinov als Friedrich der Weise persönlich. Ob das tatsächlich jemals der Fall war, bleibt Friedrichs Geheimnis ...

Hat Luther »die Reformation« einfach mal so ausgelöst?

Nein. Kam er völlig unbeabsichtigt dazu wie die Jungfrau zum Kinde? Auch nicht. Die vielleicht folgenschwerste politische, geistige und geistliche Umwälzung der deutschen Geschichte geschah weder aus Kalkül noch aus Zufall. Sondern sie entwickelte sich, weil die Zeit reif dafür war. Weil längst in der Luft lag, was nur einen Auslöser suchte. Weil etwas unterschwellig rumorte, was eine Kristallisations- und Identifikationsfigur brauchte.

Schauen wir von diesem Punkt aus noch kurz auf den »Star-Rummel um Luther« heute: Populär wird jemand dann, wenn er als Projektionsfläche für *ersehntes* Leben taugt. Wenn jemand kann, was ich nicht kann (spektakuläre Tore schießen bei einer Fußballweltmeisterschaft beispielsweise). Wenn er einfach mal tut, was ich mich nie trauen würde (in 39 km Höhe aus einem Flugzeug springen). Oder wenn er mit einer Idee die Welt verändert, auf die ich nie gekommen wäre (den PC, das Smartphone, YouTube oder Facebook erfinden zum Beispiel). Populär wird jemand dann, wenn er oder sie in Worten *verdichtet,* was Millionen Menschen auch sagen wollten, es aber selbst nie ausdrücken konnten. Solche Kristallisationspunkte, solche Identifikationsfiguren der Sehnsüchte und Wünsche von Millionen Menschen nennen wir heute »Stars« oder »Medienlieblinge«.

> Solche Kristallisationspunkte, solche Identifikationsfiguren der Sehnsüchte und Wünsche von Millionen Menschen nennen wir heute »Stars« oder »Medienlieblinge«. Martin Luther war vor 500 Jahren einer.

Martin Luther war vor 500 Jahren einer. Aber ist er das auch im 21. Jahrhundert?

Mit seinen Ängsten und Sorgen kann sich kaum jemand mehr identifizieren (»Wie kriege ich einen gnädigen Gott?!«). Vor dem Scheiterhaufen fürchten muss sich auch keiner mehr. Seine Hoffnungen und Wünsche (»dass jedermann die Heilige Schrift haben und lesen möge«) sind weitestgehend erfüllt. Die Bibel liegt in derzeit rund 50 verschiedenen deutschen Übersetzungsvarianten vor. Seine Gegner (»der Antichrist auf dem Stuhle Petri«) haben sich gewandelt. Der Papst ist, zurzeit jedenfalls, selber ein Medienstar und Publikumsliebling.

Was also gibt es dann zu feiern?

Luthers Wirkung, finde ich. Die bis heute in Religion, Philosophie, Politik, Kultur und Gesellschaft spürbaren Druckwellen, die diese Explosion an Geist ausgelöst hat. Es gibt den »Namen« zu feiern, den Luther sich und uns gemacht hat: Evangelische Christen.

Apropos Namen: »Martin« nannte Margarete Luther ihr Kind, weil am 10. November der Namenstag des heiligen Martin ist. Eine Geburtsurkunde oder einen Taufregistereintrag gibt es nicht. Als sich Martin im April 1501 in Erfurt fürs Studienfach Jura immatrikuliert, lautet der Eintrag im Univerzeichnis »Martinus Ludher ex Mansfelt«. Es ist der älteste erhaltene Beleg seines Namens...

Luther nannte seine Anhänger »Protestanten«

Nein. Sieben Fürsten und vierzehn Städte protestierten im März 1529 dagegen, dass über ihren Glauben abgestimmt werden sollte. Die – und zunächst nur die – nannte man »Protestanten«.

Wie kam's?

Nach dem Reichstag in Worms 1521 hatte Kaiser Karl V. den Bannfluch über Luther und seine Lehre verhängt, das sogenannte »Wormser Edikt«. Blöderweise hatte er es aber so *rückdatiert*, als sei dies ein Beschluss aller Wormser Reichstagsteilnehmer gewesen (siehe Kapitel »Luther hat manchmal getrickst und gelogen«). Gegen diese nachträgliche Vereinnahmung wehrten sich etliche Fürsten. Wie? Indem sie das kaiserliche Luther-Verbot schlicht ignorierten. Kommt einen ja auch billiger, wenn man die Strafverfolgungsbehörden nicht dauernd in Marsch setzen muss... Was viele Leute lange genug gewohnheitsmäßig unterlassen, wird aber irgendwann als Normalität akzeptiert. 1526, wieder ein Reichstag, diesmal in Speyer: Der Kaiser *legalisiert* die Nichtverfolgung der »Neu-Gläubigen«. Jeder Fürst soll es auf seinem Territorium mit der Konfession so halten dürfen, wie er es für richtig erachtet. Der erzkatholische Karl gesteht das nur schweren Herzens zu. Man merkt es am Namen des Gesetzes: »Reichsabschied«.

Vordergründig heißt das nur: Der Reichstag hat dies verabschiedet. Hintergründig ist es aber auch der Abschied von der konfessionellen Einheit des Reiches. Noch spricht es niemand so deutlich aus, aber unübersehbar zerbröselt das Land gerade in »altgläubig katholische« und »neugläubig lutherische« Regionen. Das hat auch soziale Auswirkungen: Wird in einem Fürstentum das Luther-Verbot knallhart durchgesetzt, weichen die verfolgten Luthersympathisanten in tolerantere Nachbarländer aus. Einige von ihnen bilden aber die wirtschaftliche und intellektuelle Elite ihrer Heimat (die »Leistungsträger und Trendsetter der Gegend«, würden wir heute sagen). Zurück bleiben nur die Zurückgebliebenen? Rechtgläubig, aber doof und arm?

Kaiser Karl V. ist beunruhigt. So sehr beunruhigt, dass er zu einem zweiten Reichstag nach Speyer einlädt. Wieder mal ist er selbst leider verhindert – Krieg gegen Frankreich, sehr zeitraubend, sorry – und wieder mal schickt er seinen Bruder Ferdinand vor. Der lässt am 19. April 1529 kurzerhand darüber abstimmen, den »Reichsabschied« von 1526 *aufzuheben.* Annullieren. Auf »löschen ok« drücken. Der Kaiservertreter bittet also darum, festzustellen, dass sich der Kaiser vor drei Jahren irrte.

Wer ist dafür, dass religiöse Toleranz eine Schnapsidee war? Die Mehrheit ist dafür! Da erheben sich Kurfürst Johann von Sachsen, Landgraf Philipp von Hessen, Markgraf Georg von Brandenburg, die Herzöge Ernst und Franz von Braunschweig-Lüneburg, Fürst Wolfgang von Anhalt und Graf Wilhelm von Fürstenberg samt ihren Kanzlern, Beratern und Hofpredigern (darunter auch der Luther-Intimus und Bibel-Mitübersetzer Philipp Melanchthon) – und gehen raus! Verlassen den Saal. Weigern sich, das Wahlergebnis anzunehmen.

Draußen verfasst Gregor von Brück aus dem Gefolge des sächsischen Fürsten eine »Protestation«, in der verquast und verschwurbelt dargelegt wird, dass man die Aufhebung des Reichsabschieds aus Gewissensgründen nicht mittrage, egal, wie die Mehrheit entschieden hat. Und dann protestieren unter anderen auch die Bürgermeister der Reichsstädte: Nürnberg, Weißenburg, Windsheim (das bis heute »evangelische Franken«). Heilbronn, Ulm, Reutlingen, Lindau, Konstanz (das bis heute »evangelische Württemberg«).

Wer ist dafür, dass religiöse Toleranz eine Schnapsidee war? Die Mehrheit ist dafür!

Sie wollen dem Kaiservertreter Ferdinand ihre »Protestation« überreichen, aber der verweigert die Annahme. Insofern »protestiert« auch er. Erst am 25. April wird ihm per Gesandtschaft die nunmehr »Instrumentum Appellationis«

genannte Protestschrift der evangelischen Städte und Fürsten zugestellt. Daher – und nicht von Luther – kommt das Wort »Protestanten«.

Luther hat deutsche Sprichwörter erfunden

Nicht alle, aber viele. Und das eher indirekt:
»Hochmut kommt vor dem Fall«,
»Der Mensch lebt nicht vom Brot allein«,
»Aus dem Herzen keine Mördergrube machen«,
»Was du nicht willst, dass man dir tu, das füg auch keinem andern zu«,
»Wer den Schaden hat, braucht für den Spott nicht zu sorgen«,
»Kleine Kinder, kleine Sorgen. Große Kinder, große Sorgen«,
»Wer den Pfennig nicht ehrt, ist des Talers nicht wert«,
»Ist es dem Esel zu wohl, geht er aufs Eis.«

Und dann Tausende umgangssprachliche Redewendungen wie zum Beispiel: »dich sticht doch der Hafer«, »dir juckt das Fell«, »du musst in den sauren Apfel beißen«, »lass dich nicht an der Nase herumführen«, »will mir nicht das Maul verbrennen« – alles Luther oder was? Nicht ganz.

»Sprichwörtlich« wird ein sprachlicher Vergleich, ein anschauliches Beispielwort, ja erst dann, wenn es möglichst viele Menschen möglichst oft verwenden. »Treffende Formulierungen finden« hat weniger mit Erfindergeist zu tun als vielmehr mit aufmerksamem Zuhören. Das konnte Martin Luther offenbar. Berühmt geworden ist seine Erklärung, wie er bei seiner Bibelübersetzung vorgegangen sei: »Man muss nicht die Buchstaben der lateinischen Sprache fragen, wie man deutsch reden soll, sondern man muss die Mutter im Hause, die Kinder auf der Gasse, den einfachen Mann darum fragen und denselbigen aufs Maul sehen, wie sie reden, und danach übersetzen, so verstehen sie es.«[161] Allein schon dieser Satz hat ein bis heute populäres »geflügeltes Wort« geschaffen: »dem Volk aufs Maul schauen«.

Hochmut
Kommt vor
dem Fall!

Darf man daraus schließen, Luther habe bereits vorhandene und gebräuchliche Redensarten in die Bibel »hineingeschmuggelt«? Ja, soweit sie den hebräischen oder griechischen »Ur«-text sinngemäß zutreffend wiedergaben.

Martin, Sohn eines Bergbau-Unternehmers, hat mit 19 Jahren den »Baccalaureus Artium« und mit 22 den »Magister Artium« der Universität Erfurt, mit 26 den »Baccalaureus Biblicus« und den »Baccalaureus Sententiarium«

an der Uni Wittenberg geschafft. Wir würden sagen: Martin hat in allgemeinen Geisteswissenschaften einen Master und in Bibel- und Sprachwissenschaften je einen Bachelor. Mit 30 ist er Professor. Nachfolger auf dem Lehrstuhl des ehrwürdigen Johann von Staupitz. Statt nun aber mit seiner außergewöhnlich hohen Bildung anzugeben oder sich in den Elfenbeinturm der Wissenschaft, in den kleinen erlauchten Kreis der Gelehrten, zurückzuziehen, sucht Luther ... tja, den Boulevard, könnte man sagen.

»Wenn ich auf die Kanzel komme, so beabsichtige ich, nur den Knechten und Mägden zu predigen. Um Doktor Jonas' oder Melanchthons willen würde ich nicht ein einziges Mal auftreten. Die können's ja in der Schrift wohl lesen. Wenn man aber nur den Hochverständigen predigen und bloß Lehren und Meisterstücke von sich geben will, so steht das arme Volk da wie eine Kuh.«[162]

Dieses »kuhdumme« Volk erst dann zu belehren, wenn man vorher etwas von ihm *gelernt* hat – anschaulich sprechen nämlich –, galt unter Intellektuellen in einer klar getrennten Ständegesellschaft als nicht standesgemäß. Als *unan-ständig* im Wortsinn. »Nie hat ein Professor die gelehrte Vornehmlichkeit so gründlich verleugnet wie Luther. Dass er trotz Schule, Universität, Kloster und Katheder innerlich ein Mann aus dem Volke geblieben war, machte ihn zum Helden des Volkes.«[163]

Schaut man sich die 350 Druckschriften Luthers, die Liedertexte, die Nachdichtungen der Tierfabeln des Dichters Äsop, die Predigten, die 2585 persönlichen oder sogar juristisch gutachterlichen Briefe und die rund 7000 Tischreden daraufhin an, bei wem er möglicherweise sprachlich

»geklaut« haben könnte, stellt man fest: bei den antiken griechischen und römischen Dichtern, in der hebräischen und griechischen Bibel, bei den Kirchenvätern der ersten drei Jahrhunderte nach Christus und – bei Redensarten, die er vom Hörensagen kannte und in sein ganz privates Notizbuch schrieb. 489 Sentenzen, Bonmots, Aphorismen, Reime und Bildworte hat Martin Luther gesammelt. Sein ganz persönlicher »Wort-Schatz«.

Dem »Volk« seiner Predigthörer war es letztlich egal, ob dieser oder jener Merksatz nun vom Reformator *erfunden* oder nur *gefunden* war. Ein abgewandeltes Vergil-, Seneca-, Salomo-, David-, Paulus- oder Augustinus-Zitat zum Beispiel. In der Summe – und erst recht in der mündlichen Kolportage durch fünf Jahrhunderte – wurde dann irgendwie alles zu »Lutherworten«. Erst recht, wenn man einen Ratschlag mit Luthers Autorität ausstaffieren wollte. Die Mahnung an Jugendliche etwa, fleißig zu lernen:

»Was Hänschen nicht lernt, lernt Hans nimmermehr« hieß positiv ausgedrückt »Früh übt sich, wer ein Meister werden will« und war abgewandelt vom ursprünglichen »Früh krümmt sich, was ein Haken werden will«. Dass Martin Luther damit aber selbstgefällig seine schon früh erkennbare Aufmüpfigkeit beschrieben hätte, ist eher unwahrscheinlich.

»Wer andern eine Grube gräbt, fällt selbst hinein« lässt sich noch wörtlich auf das Buch der Sprüche Salomos Kapitel 26, Vers 27 zurückführen. »Es ist leichter, dass ein Kamel durch ein Nadelöhr gehe, als dass ein Reicher ins Reich Got-

> »Wenn ich auf die Kanzel komme, so beabsichtige ich, nur den Knechten und Mägden zu predigen.«
> (Martin Luther)

145

tes komme« ist Originalton Jesus, Matthäusevangelium Kapitel 19, Vers 24. Abgewandelt, aber immer noch aus Luthers Bibelübersetzung, sind Redewendungen wie »das eine tun, das andere nicht lassen« (Matthäus 23,23) oder »Perlen vor die Säue werfen« (Matthäus 7,6) und »nicht mehr wissen, wo rechts und links ist« (Jona 4,11). Dass einem vor Schreck »die Haare zu Berge stehen«, stammt beispielsweise aus Hiob 4,15.

Darf man daraus schließen, Luther habe mit seiner Bibelübersetzung viele heute noch gebräuchliche Redensarten erst geschaffen? Ja, hat er. Mehr jedenfalls als Shakespeare (»Sein oder nicht sein«), Goethe (»Das also ist des Pudels Kern«) oder die Märchen der Gebrüder Grimm zusammen (»Und wenn sie nicht gestorben sind...«).

Als Jakob und Wilhelm Grimm 1838 in Kassel ihr 16-bändiges »Deutsches Wörterbuch« schrieben, lobten sie »die edle, fast wunderbare Reinheit« der Sprache Luthers. Der ebenso romantische wie scharfzüngige Dichter Heinrich Heine (1797–1856) überschlug sich geradezu vor Begeisterung: »Wie Luther zu der Sprache gelangt ist, in der er seine Bibel übersetzte, ist mir bis auf diese Stunde unbegreiflich. Diese Schriftsprache gibt unserem politisch und religiös zerstückelten Deutschland eine literarische Einheit. In der Bibel ist Luthers Sprache aus Ehrfurcht vor dem gegenwärtigen Geist Gottes immer in einer gewissen Würde gebannt. In seinen Streitschriften jedoch überlässt er sich einer Rohheit, die ebenso widerwärtig wie grandios ist. Derselbe Mann, der schimpfen konnte wie ein Fischweib, konnte auch weich sein wie eine zarte Jungfrau. Wild wie ein Sturm, der Eichen entwurzelt, sanft wie die Südwestbrise, die Veilchen liebkost.«[164]

Das stimmt, finde ich. Hatte aber zur Folge, dass ihm seine Gegner aus Verachtung und seine Verehrer aus Bewunderung die besonders derben Sprüche gern andichteten, unterstellten, »ihm zuschrieben«, wie es vornehm heißt. »Sag ihm, er könne mich am Arsch lecken« ist nun mal *nicht* von Luther. Sondern von Goethe. Der lässt es im dritten Akt seines 1774 uraufgeführten Theaterstücks den »Götz von Berlichingen« sagen. Einen Ritter aus der Nähe von Heilbronn, der zwar ein Zeitgenosse Luthers war (1480–1562) und im Bauernkrieg 1525 auf der Seite der Aufständischen gekämpft hat – aber ob er's je gesagt hat?

»Ich kann nie tiefer fallen als in Gottes Hand« ist übrigens auch nicht von Luther. Obwohl es die Luther-Botschafterin für das Reformationsjubiläum 2017 gesagt hat: Als die Theologin Margot Käßmann am 24. Februar 2010 von ihren Ämtern als Ratsvorsitzende der EKD und Bischöfin der niedersächsischen Landeskirche von Hannover zurücktrat, zitierte sie diesen Satz als ihre »Glaubensüberzeugung und Erfahrung aus vorvergangenen Krisen«.[165]

Und die fixen Reporter der Pressekonferenz nickten sich zu: »Bibel.« »Luther.« »Mindestens.«

Tatsächlich geschrieben hat es der Autor des Buches »Seefahrt tut not«, Matrose Johann Kinau aus Hamburg. Künstlername Gorch Fock. »Und wenn ich gleich auf den Meeresboden sinke, so sinke ich doch immer nur in Gottes Hand.« Am 16. Mai 1916 wurde das während der Skagerrak-Seeschlacht des Ersten Weltkriegs für Johann Kinau traurige Wirklichkeit.

Die Zahl jener tröstlichen, lebensklugen, weisen oder frommen Sprichworte, Redensarten und Bildworte, die nicht von Luther sind, ihm aber der Einfachheit halber zugeschrieben werden, dürfte in Zukunft zunehmen. Wegen des Jubiläums. Oder wegen der TV-Serien. Oder des Kinos. »Shit happens« oder »Das Leben ist eine Pralinenschachtel« zum Beispiel...

Luther hat 95 Thesen an
die Kirchentür geschlagen

Wahrscheinlich nicht. Die »Hammerschläge, unter denen die mittelalterlich katholische Welt zusammenbrach«, hat es nie gegeben. Obwohl 450 Jahre lang Millionen Schulkinder, Konfirmanden, Theologie- und Geschichtsstudenten dies von ihren Eltern, Pfarrern, Lehrern und Dozenten so erzählt bekamen. Mit vor Ergriffenheit und Rührung zitternder Stimme manchmal: An einem »windigen Samstag« vor Allerheiligen sei der Herr Professor »bedächtigen Schrittes« die »15 Gehminuten vom Schwarzen Kloster zur Schlosskirche« gegangen, um dort »während des Mittagsgeläuts« das lateinisch geschriebene Thesenplakat »in angemessener Höhe« mit einem Hammer »eigenhändig, gut hör- und sichtbar« an die nördliche Eingangstür anzuschlagen.[166] Alles Legende?

Was wird dann aus den lustigen Luther-Doubles an der Tür der Schlosskirche? Wenn schon die katholische Welt nicht zusammengebrochen ist, sollte es die touristische Welt auch nicht. Dürfen wir Millionen Chinesen, Japaner, Inder und Amerikaner dermaßen enttäuschen?! Wo wir doch der Stadt Wittenberg ihre Gewerbesteuer von Herzen gönnen ...

Jetzt mal langsam und der Reihe nach: Woher stammt die Nummer mit dem Hammer überhaupt?

»Luther, brennend vor Eifer für die rechte Frömmigkeit, gab Ablassthesen heraus. Diese hat er öffentlich an der Kirche in der Nähe des Wittenberger Schlosses am Vortage des

Festes Allerheiligen 1517 angeschlagen«[167], schreibt Philipp Melanchthon. Ein lebenslang enger Freund Luthers, Professor für Griechisch an der Uni Wittenberg, Mitstreiter der Reformation, wichtiger Mit-Übersetzer, Lektor und Korrektor der Bibelübersetzung Martin Luthers. Ein Kronzeuge von Gewicht also. Nur: Er schreibt dies lange nach Luthers Tod 1546. In der Vorrede zum zweiten Band der gesammelten Werke seines Freundes, als Luthers historischer Heiligenschein schon kräftig leuchtet.

Warum sollte das nicht stimmen?

Erstens: Zum Zeitpunkt des vermeintlichen »Thesenanschlags« war der damals 20-jährige Melanchthon aus dem badischen Bretten noch an der Uni Tübingen beschäftigt. In seinen Erinnerungen rund 40 Jahre später täuscht er sich auch sonst manchmal. Luther habe Physik gelehrt und

Ablassprediger Johann Tetzel habe Luthers Thesenpapier öffentlich verbrannt, zum Beispiel.

Zweitens: Für den »hör- und sichtbaren, öffentlichen« Thesenanschlag gibt es keinen einzigen Augenzeugenbericht. Obwohl Luthers Feinde damit bei Bischöfen und Fürsten Eindruck gemacht und möglicherweise Informantenhonorar verdient hätten.

Drittens: Am 4. September 1517 hatte Martin Luther schon einmal Thesen verfasst. Exakt einhundert. Einhundert »knappe, scharf formulierte Sätze« *gegen* die vorherrschende sogenannte »scholastische Theologie« der mittelalterlichen Philosophen Thomas von Aquin (1225–1274) und Anselm von Canterbury (1033–1109). Luther wollte diese Thesen als Prüfungsthema von seinen Studenten in Wittenberg diskutieren lassen und dann die Ergebnisse auf einer Tagung der europäischen Augustinerorden an der Uni Heidelberg im April 1518 vorstellen. Für solche »Disputationen« gab es einen eingespielten, gut geölten Dienstweg: Der Professor legt das Papier dem Dekan der Uni vor. Der genehmigt oder ändert es. Dann geht das Papier in den Druck und wird an die Studenten verteilt. Sollen die Thesen *öffentlich* diskutiert werden, heftet der »Pedell«, der Hausmeister und Bote (!) der Hochschule, das Papier an alle (!) Kirchentüren Wittenbergs. Mit Datum, Uhrzeit und Ort der geplanten Veranstaltung.

So lief's mit der Scholastiker-Kritik im September. Warum hätte Luther jetzt, sechs Wochen später, mit seiner Ablasskritik diesen korrekten und einvernehmlichen Dienstweg verlassen sollen? Es hätte wenig Sinn gemacht, am Unidekan *vorbei* 95 lateinisch formulierte Thesen einem zum Teil analphabetischen Passantenvolk an nur eine Kirchentür zu nageln und dafür einen Krach mit dem Arbeitgeber zu riskieren. Erst recht, wenn gar keine konkrete Diskussionsveranstaltung angesetzt war, zu der man am Pinnbrett öffentlich einladen könnte.

Viertens: Als sich vier Monate später, Anfang März 1518, Luthers ehemaliger Kollege Christoph Scheurl aus Nürnberg beschwert, warum er die Thesen erst so spät bekommen habe, antwortet ihm Luther: »Es war weder mein Plan noch meine Absicht, sie großartig zu veröffentlichen. Im Gegenteil, ich wollte mich zunächst nur mit einigen Wenigen hier darüber austauschen.«[168] Schreibt das jemand, der revolutionär illegal Plakate klebt? Das gewichtigste Argument gegen den Thesenanschlag aber ist Luther selbst.

Fünftens: Ab Juni 1525, als er mit Katharina verheiratet ein großes, viel bevölkertes (Gäste-)Haus betreibt, ist durch die Mitschriften dieser zahllosen Gesprächspartner ein doch recht erinnerungs- und redseliger Martin Luther dokumentiert. Jedes spektakuläre Schelmenstück, jede abenteuerliche Situation, jede gefährliche, tragische oder komische Szene seines Lebens, ja sogar die intimsten oder peinlichsten Momente hat Luther irgendwann mal zum Besten gegeben. In rund 7 000 Tischreden, 800 Druckschriften aus seiner Feder, in 2 585 Briefen und in keiner Predigt erwähnt er auch nur ein einziges Mal, er habe eigenhändig mit dem Hämmerchen ein Plakat an die Schlosskirchentür genagelt! Auf jedes Detail seiner öffentlichen Siege und Niederlagen – das Verhör durch

»Es war weder mein Plan noch meine Absicht, sie großartig zu veröffentlichen. Im Gegenteil, ich wollte mich zunächst nur mit einigen Wenigen hier darüber austauschen.« (Martin Luther zu den 95 Thesen)

Kardinal Cajetan auf dem Augsburger Reichstag 1518, den Auftritt vor Kaiser Karl V. auf dem Reichstag zu Worms 1521, die Einsiedelei auf der Wartburg und der Veste Coburg – nehmen Tischgäste oder Briefschreiber später Bezug. Zu einem »Thesenanschlag« am 31. Oktober 1517 gibt es keine einzige Frage, von niemandem. Warum hätte Luther ausgerechnet seine – schon zu Lebzeiten erkennbar weitreichendste – Großtat verschweigen sollen?

Als 1961 gleich zwei Lutherforscher, Prof. Dr. Iserlohn und Prof. Dr. Steitz, diese Fragen stellten, lösten sie eine Historikerdiskussion aus, die bis 2015 rund 300 wissenschaftliche Aufsätze und Artikel hervorgebracht hat. Erst recht, seit 2006 eine Notiz aus dem Nachlass des unglücklichen Georg Rörer auftauchte, am 31. 10. 1517 hätten Thesenplakate an den Kirchentüren gehangen. Ob von Luther selbst, dem Pedell-Hausmeister oder den Studenten da hingenagelt oder -geleimt oder -geheftet – Rörers Notiz ist älter als die von Melanchthon und damit »gewichtiger«. Wirklich?

Rörers Ordination zum Pfarrer am 14. Mai 1525 in der Wittenberger Stadtkirche war zwar die erste evangelische Ordination der Welt; Rörers Mitschriften der Tischgespräche, Predigten und Vorträge von Martin Luther, Philipp Melanchthon und Johannes Bugenhagen mündeten zwar 1539 in die vier Bände der ersten Wittenberger Lutherausgabe, aber: Wegen seiner doch recht eigenmächtigen Korrekturen an Luthers Texten und in der Darstellung der

Hammerschläge hallten nicht durch Wittenberg.

Ereignisse musste er 1537 sein Pfarramt aufgeben und 1551 sogar Wittenberg verlassen ... Selbst wenn seine Notiz zutreffend sein sollte: *Hammerschläge* hallten nicht durch Wittenberg. Aus verständlichen Gründen wird das aber nicht so gern publiziert. Der Tourismus, Sie wissen schon ...

Was ist denn dann wirklich passiert am »Reformationstag«?

Luther ist entsetzt über die populär gewordene Faustformel »Spende was für den Petersdom und zeig die Quittung dem lieben Gott. Dann brauchst du weder bereuen noch beichten noch Buße tun oder um Vergebung bitten.« In wessen Auftrag schreit Demagoge Johann Tetzel diesen Quatsch über die Marktplätze? Im Auftrag des Papstes. Wer sind dessen mitverantwortliche Vertreter hier in der Region? Bischof Hieronymus Schulz von Brandenburg und Erzbischof Albrecht von Mainz-Magdeburg. An diese beiden schickt Luther seine 95 Thesen. Darin steht unter anderem, »dass Christen alles daransetzen, Christus, ihrem Haupt, durch Leiden, Tod und Qual nachzufolgen. Sie sollen sich darauf verlassen, dass sie durch Anfechtung und Bedrängnis zum ewigen Leben kommen. Nicht dadurch, dass sie es in friedvoller Sorglosigkeit zu besitzen meinen.«[169]

Dem Thesenpapier fügt er ein Begleitschreiben bei. Der zeittypische »Sound« der Einleitung des Briefes macht deutlich, welche Ungeheuerlichkeit es gewesen sein muss, einen Bischof zu kritisieren: »Verzeiht mir, hochwürdigster Vater in Christus, durchlauchtigster Fürst, dass ich Menschenstaub ein solches Maß an Vermessenheit besitze und mich unterstehe, an einen Brief an Eure erhabene Hoheit überhaupt nur zu denken! Jesus, der Herr, ist mein Zeuge, dass ich – meiner Niedrigkeit und Erbärmlichkeit wohl bewusst – lange verschoben habe, was ich jetzt ungehörigerweise ausführe. Eure Hoheit mögen daher so gnädig sein, meine Bitte nach

Eurer bischöflichen Milde gnädig entgegenzunehmen...«[170]
Und dann erst folgt die mit Bibelstellen gespickte Zusammenfassung der 95 Thesen.

Ohne Schleimspur in der Anrede verschickt Luther seine Thesen noch an einen dritten Adressaten: Luthers Freund Johannes Lang in Erfurt. Das aber war's. Luther hoffte, eine briefliche Diskussion unter Theologen und später vielleicht mal eine öffentliche Veranstaltung anzuregen. Gab es aber nicht. Übrigens auch unter Luthers Wittenberger Professorenkollegen nicht. »Ich schrieb zwei Briefe mit der Bitte, das schamlose Treiben und lästerliche Reden der Ablassprediger zu unterbinden. Aber man schenkte dem armseligen Mönch überhaupt keine Beachtung.«[171]

Wie war die Reaktion, was passierte dann?

Nichts passierte, gar nichts. Im Erfurter Kloster las man die Thesen vierzehn Tage später, aber in Wittenberg? Sechs Wochen lang keine Reaktion. Am Ufer der Elbe nur neblige Novemberruhe. (Hätte es die nach einer spektakulären »Hammer-Aktion« gegeben?) Luthers Dokumente vom 31.10.1517 jedoch in die »Ablage P« zu entsorgen, war der folgenschwerste Managementfehler, den Erzbischof Albrecht und Bischof Hieronymus Schulz je begingen. Vielleicht einer der folgenschwersten der europäischen Geschichte, denn: Ende Dezember 1517 drucken Wittenberger Freunde die 95 Thesen auf Flugblätter, verteilen sie und »dieselben liefen schier in vierzehn Tagen durch ganz Deutschland, denn alle Welt klagte über den Ablass, sonderlich über Tetzels Artikel«[172], sagt Luther selbst.

Ein zeitgenössischer Pfarrer namens Myconius schätzt die Verbreitungszeit etwas länger ein, staunt aber trotzdem: »In

vier Wochen hatten die Thesen schier die ganze Christenheit durchlaufen, als wären die Engel Bodenläufer.«[173]
Wer reagiert als Erstes?

Johann Tetzel, wer sonst! Im Januar 1518 klagt er über den kleinen frechen Mönchsdozenten. In 109 Tetzel-typisch polemisch formulierten Thesen. 300 gedruckte Exemplare davon schickt er nach Wittenberg. Obwohl Prof. Dr. Martinus dagegen ist, verbrennen Luthers Studenten diese Tetzel-Papiere öffentlich und »löschen ihren Brand anschließend mit reichlich Bier«.[174] Kommt daher die Redewendung »sein Mütchen kühlen«?

Luther antwortet mit einer Schrift namens »Sermon (Rede) von Ablass und Gnade«, reist im April 1518 erst mal zur geplanten Augustinerorden-Konferenz nach Heidelberg und muss bei seiner Rückkehr feststellen, dass sich die Sache zugespitzt hat: Ablassprediger (und Ex-Inquisitor) Johann Tetzel hat noch mal 50 Thesen nachgelegt, lässt sie per Boten im Juni 1518 im Wittenberger Wohnhaus Luthers abgeben und droht ihm mit der Eröffnung eines Inquisitionsverfahrens. Als Luther am 7. August 1518 eine offizielle Vorladung nach Rom bekommt, um dort als Ketzerei-Verdächtiger verhört zu werden, ist allen klar: *Der Papst* hat die 95 Thesen auf dem Schreibtisch!

Der Kampf ist eröffnet.

Luther hat mit einem Tintenfass nach dem Teufel geworfen

Wahrscheinlich nicht. Luther hatte eine melancholische, wenn nicht sogar depressive Seite und die kommt im Winter 1521/22 besonders zum Vorschein, als er sich unter falschem Namen auf der Wartburg bei Eisenach versteckt.

Sehnsuchtsvolle Einsamkeit, schwere Zweifel an sich selbst und seiner Arbeit, große Sorge um gute Freunde unter lauter mächtigen Feinden – das alles empfindet Luther ganz in der kulturellen Denke und Stimmung seiner Zeit als persönliche Attacken eines personhaften Satans. Von einem Poltergeist, der ihm und einmal auch einem weiblichen Gast den Schlaf raubte, erzählt Luther freimütig (siehe Kapitel »Luther war abergläubisch«). Dass er in derselben Nacht aber mit einem Tintenfass für Ruhe gesorgt hätte, hat er nie behauptet. Ganz abgesehen davon, dass Tinte teuer war und Luther viel davon brauchte, während er das Neue Testament übersetzte ...

Der »historische Kern« dieser Legende dürfte sein: Luther äußerte sich mal erstaunt darüber, welche Wirkung seine 95 Thesen und seine ersten Aufsätze beim Volk ausgelöst hatten, aber auch bei Wissenschaftlern, Künstlern und Fürsten, bei Kaiser und Papst. Er habe sozusagen – metaphorisch (!) ausgedrückt – »den Teufel mit Tinte vertrieben«. Stimmt. Aber was kommt dabei heraus, wenn die schlicht Gestrickten nicht zwischen dem »wörtlichen« und dem »übertragenen Sinne« eines Sprachbildes unterscheiden können? Dies hier: Ab 1650 gibt es Gemälde von Luthers Arbeitszimmer auf der Wartburg, die einen blauen Fleck an der Wand zeigen! Viele Besucher suchen den natürlich in der Realität – hinter dem grünen Ofen oder schräg über dem schweren Schreibpult – und die Betreiber der Wartburg sind schon damals geschäftstüchtig genug, für einen solchen Fleck an der Wand zu sorgen! Gäste soll man nicht enttäuschen. In den Jahrhunderten ohne Videoüberwachung war es aber unvermeidlich, dass dreiste Besucher sich ein bisschen Farbe von diesem Fleck abkratzten. Als Luther-Reliquie sozusagen, als schaurig-schönes Souvenir. Weshalb zum einen der exorzistische Tintenspritzer zigmal erneuert werden musste, zum anderen dort heute ein Loch im Putz ist. Eine Vertiefung, pieksauber mit Wandfarbe übermalt. Trotzdem sagt der heutige Pressechef der Wartburg, Andreas Volkert, es gebe immer mal wieder Besucher, die den blauen Tinten-Teufels-Fleck gesehen haben wollen ...

Augenzwinkernd richtig verstanden hat Luthers Tintenfasswurf der wortmächtig satirische Dichter Heinrich Heine

> Luther hat sozusagen – metaphorisch (!) ausgedrückt – »den Teufel mit Tinte vertrieben«.

(»Deutschland, ein Wintermärchen«) im 19. Jahrhundert. Er weiß, dass Pressefreiheit immer gefährlich ist für Diktatoren. Seine Schriften werden von der Zensur verboten, er muss nach Paris fliehen und sagt:»Als Luther das Neue Testament übersetzte, wurde er so sehr vom Teufel gestört, dass er ihm ein Tintenfass an den Kopf schmiss. Seitdem hat der Teufel so eine große Scheu vor Tinte und Druckerschwärze!«[175]

Luthers letzte **W**orte waren:
»Wir sind Bettler, das ist wahr«

Gesagt hat er das nicht. Sein Freund Justus Jonas hat unmittelbar nach Luthers letztem Atemzug im Schlafzimmer einen Zettel gefunden, auf dem stand: »Wir seyn pettler hoc est verum.«

Wann Luther diesen Zettel jedoch beschriftet hat, weiß keiner. Neu war das Zitat auch nicht. Als das Alte Testament (endlich) auf Deutsch vorlag, war Luther auf den Abstand zwischen den eigenen Lebenserfahrungen und denen der biblischen Figuren zu sprechen gekommen: »(Den römischen Dichter) Vergil kann keiner verstehen, der nicht fünf Jahre lang Hirte oder Bauer war. (Den römischen Politiker) Cicero in seinen Briefen versteht keiner, der nicht zwanzig Jahre in einem großen Staatswesen tätig gewesen ist. Und keiner soll glauben, die Heilige Schrift genügend verschmeckt zu haben, wenn er nicht hundert Jahre mit den Propheten die Gemeinden leitet. *Wir* (im Vergleich zu denen) sind Bettler, das ist wahr!«[176]

Oder hatte Luther den Zettel während der Schlichtungsgespräche zwischen den Grafenbrüdern Gebhard und Albrecht von Mansfeld notiert, die sich ums Erbe stritten und Luther als Mediator hinzugebeten hatten?

Am 23. Januar 1546 war er – schon zum wiederholten Male – von Wittenberg aus in seine Geburtsstadt Eisleben aufgebrochen. Wegen Hochwassers hatte er die Saale nicht überqueren können und auf der Weiterfahrt in Rißdorf einen

Herzanfall erlitten. Am 14. Februar hatte er seine Predigt in der Andreaskirche von Eisleben abbrechen müssen (»Ich bin zu schwach. Wir wollen es hierbei bewenden lassen.«[177]) und am 16. Februar bei Tisch noch einen makabren Scherz gemacht: »Wenn ich wieder heim gen Wittenberg komme, so will ich mich alsdann in den Sarg legen und den Maden einen feisten Doktor zu essen geben!«[178]

Jetzt, am 17. Februar vormittags, nach immerhin dreiwöchigem Gezerre, ist »der verdrießliche Handel (Streit)« der Grafen endlich juristisch beigelegt. »Mir aber wird weh und bange wie nie zuvor in der Brust, eine Compression des Herzens und gleichsam Erstickungsnoth«[179], klagt Luther am Nachmittag.

Angina Pectoris statt Freude über die gütliche Einigung? Möglicherweise ahnungsvoll kommen seine Söhne Johannes, Martin und Paul ins Obergeschoss des Hauses. Sie sind

19, 14 und 12 Jahre alt und wohnen bei Martins Bruder Jakob Luther, nicht weit von hier. Graf Albrecht von Mansfeld und seine Frau versuchen, dem Sterbenden »Einhorn« einzuflößen, ein angeblich heilendes Getränk aus zerstoßenen Walzähnen und Wein. Der Stadtschreiber und landgräfliche Notar Johann Albrecht und seine Frau, in deren Haus Luther während der Verhandlungen wohnt, schauen nach ihm. Der Wittenberger Freund Johannes Aurifaber und dessen Diener Ambrosius, Hofprediger Michael Coelius aus Mansfeld, Freund und Mitreformator Justus Jonas aus Halle und gleich zwei herbeigerufene Eislebener Ärzte – sie alle stehen am späten Abend des 17. Februar um Luthers Bett. Keiner dieser immerhin 13 Zeuginnen und Zeugen hat »Wir sind Bettler, das ist wahr« gehört.

Was sie gehört haben, ist abweichend überliefert. »Tischreden«-Mitschreiber Johannes Aurifaber sagt, der sterbende Luther habe gebetet: »Allmächtiger, ewiger, barmherziger Herr und Gott, der du bist ein Vater unseres lieben Herrn Jesus Christus, ich weiß gewiss, dass du alles, was du gesagt hast, auch halten kannst und willst, denn du kannst nicht lügen, dein Wort ist wahrhaftig. Du hast mir im Anfang deinen lieben einzigen Sohn Jesus Christus zugesagt; derselbe ist gekommen und hat mich von Teufel, Tod, Hölle und Sünden erlöst. Danach sind mir zu größerer Sicherheit aus gnädigem Willen die Sakramente der heiligen Taufe und des Abendmahls geschenkt, darinnen mir Vergebung der Sünden, ewiges Leben und alle himmlischen Güter angeboten sind. Auf solches dein Anbieten habe ich derselben gebraucht und im Glauben auf dein Wort mich fest verlassen und sie empfangen. Deshalb zweifle ich nun gar nicht, dass ich sicher und zufrieden bin vor Teufel, Tod, Hölle und Sünden. Ist dieses meine Stunde und dein göttlicher Wille, so will ich mit Fried und Freuden auf dein Wort gern von hinnen scheiden, Amen.«[180]

Das ist bewegend, sicher. Aber auch erstaunlich viel Text für einen Todkranken, der drei Tage vorher eine Predigt abbrechen musste. Redet ein Sterbender in »Erstickungsnoth« so? Klingt eher wie ein gut überlegtes theologisches Vermächtnis, ein Glaubensbekenntnis, das alle wichtigen Punkte evangelischer Theologie zusammenfasst. Mehr Aurifaber als Luther, darf man vermuten.

Oder hat Graf Albrecht den Flüsternden richtig verstanden? »Lieber Gott, mir ist sehr weh und angst. Ich fahr dahin! Nimm mein Seelchen zu dir!«[181]

Justus Jonas aus Halle, der ihn über die vereisten Überschwemmungswiesen der Saale hierherbegleitet hat, berichtet: »Dreimal sprach er: ›In manus tuas commendo spiritum meum, redimisti me, Deu veritatis‹« (»In deine Hände befehle ich meinen Geist. Du hast mich erlöst, treuer Gott«). Ein Vers aus Psalm 31, den Jesus am Kreuz gebetet hat. Für einen zeitlebens lateinisch zitierenden Bibelübersetzer ein sehr wahrscheinliches »letztes Wort«, finde ich.

Das allerletzte Wort Luthers aber überliefern alle Anwesenden übereinstimmend. Gegen 23 Uhr, Luther dämmert bereits weg, schreit ihn Justus Jonas – andere erinnern Michael Coelius – an: »Verehrter, allerliebster Vater, wollt ihr euch zu euerm Herrn Jesus Christus, unserm Heiland und Erlöser, und der Lehre, so ihr in seinem Namen getan, sterbend bekennen?« Luther antwortet hörbar »Ja.« Und stirbt in den frühen Morgenstunden des 18. Februar 1546.

Nach katholischer Auffassung versucht und verführt der Teufel den Menschen in seiner Sterbestunde ein letztes, kräftiges Mal. Erliegt der Todgeweihte dieser Versuchung – indem er zum Beispiel an Gott zweifelt oder Rachegedanken hat –, kommt er in die Hölle, egal, wie viele gute Werke oder fromme Gebete er zu Lebzeiten angesammelt hat. Für diesen hochdramatischen, »ewigkeits-entscheidenden« Moment auf dem Totenbett braucht der Mensch die Sterbesakramente Beichte und Abendmahl, von einem geweihten Priester gereicht. Das ist auch 30 Jahre nach 1517 noch der volkstümlich vorherrschende Glaube. Das aber hat Luther vehement bestritten! »Allein durch Glauben« kommt man in den Himmel, »einzig Christus« errettet von Schuld, »allein die Gnade« Gottes genügt!

Hat es nun aber weder Beichte noch Abendmahl an Luthers Sterbebett gegeben (und übrigens auch keine Abschiedsworte an seine drei anwesenden Söhne, keine »letzten Grüße an Katharina« oder Ähnliches), wollen die Leute wissen, ob Luther denn wirklich »selig« gestorben ist. Die letztgültige Verlässlichkeit des neuen evangelischen Glaubens steht auf dem Spiel! Justus Jonas muss sich beeilen. Schon eine Stunde nach Luthers Tod schreibt er einen Bericht und schickt ihn per reitendem Kurier nach Wittenberg. Um Katharina und die Schar der Freunde im Lutherhaus zu informieren, sicher. Vor allem aber, um per Öffentlichkeitsarbeit etwas zu verhindern, was in den Folgejahrzehnten dann doch nicht zu verhindern war: Gezielt gestreute Gerüchte seiner Gegner.

Luther sei als Ketzer gestorben, hieß es aus Rom, und der leibhaftige Satan habe ihn am 18. Februar abgeholt. Luther sei an Alkoholvergiftung gestorben, hieß es. Luther habe sich aus Verzweiflung umgebracht, sein damaliger Diener habe »unseren Herrn Martin am Bett hängend und elend erwürgt aufgefunden«.[182]

Luther wird posthum verteufelt und, natürlich, vergöttert: Noch im Laufe des Jahres 1546 pilgern die ersten Fans ins Sterbehaus und säbeln heimlich ein paar Späne von Luthers

> Noch im Laufe des Jahres 1546 pilgern die ersten Fans ins Sterbehaus und säbeln heimlich ein paar Späne von Luthers Totenbett, weil das gegen Zahnschmerzen helfen soll.

Totenbett, weil das gegen Zahnschmerzen helfen soll. 1707 lässt die Eislebener Pfarrerschaft das, was von Luthers Bett nach 150 Jahren noch übrig ist, offiziell verbrennen! Um dem un-evangelischen Reliquienkult Einhalt zu gebieten.

In Justus Jonas' Totenbericht steht, Luther sei in der Wohnung des Stadtschreibers Johann Albrecht, in »Doktor Drachstädts Haus«, gestorben. 1726 verwechselt Stadtchronist Christian Francke dies mit dem Haus eines Bartholomäus Drachstädt am Andreaskirchplatz 7. Dort steht über dem Eingangsportal bis heute: »In diesem Haus starb D. Martin Luther den 18. Februar 1546«, aber, nun ja, also ...

In *diesem* Haus starb er ganz gewiss nicht.

Das tatsächlich historische Sterbehaus Luthers stand an der Adresse »Markt 56«. Und da war früher die Kreisleitung der SED ...[183]

Luther und seine Frau hatten Zuschauer beim Sex

Ein einziges Mal, ja. In der Nacht vom 13. auf den 14. Juni 1525. Eigentlich kein Irrtum. Im Schlafzimmer dabei waren (mindestens) der Jurist Justus Jonas und der Pfarrer Johannes Bugenhagen. Doch halt – bevor Sie jetzt kopfschüttelnd rätseln, ob das überhaupt geht, wenn außer den sich Liebenden, Martin und Katharina, noch andere Personen den Raum bevölkern:

So wie wir den Satz heute verstehen, ist er ein Irrtum. Es ging nämlich nicht um Sex vor Voyeuren, sondern um das sogenannte »Beilager« oder die »Bettleite«. Nach mittelalterlichem Recht geht die Vormundschaft eines Vaters für seine Tochter erst in dem Moment an seinen Schwiegersohn über, »wann sie in sin bett tritt«, heißt es beispielsweise im Sachsenspiegel von 1220. Rechte und Pflichten des jungen Ehemannes gegenüber seiner Frau und rechtswirksame Ansprüche der jungen Frau gegenüber ihrem Mann beginnen mit dem Geschlechtsakt. Und der muss notariell beglaubigt werden. Dafür braucht es Zeugen. »Trau-Zeugen« im ursprünglichsten Sinne des Wortes. Denn ob sich die beiden wirklich ver-»trauen«, wurde nach mittelalterlicher Vorstellung nicht in der Kirche beteuert, sondern im Bett bewiesen.

»Luther hat Katharina von Bora zur Frau genommen. Gestern war ich zugegen und sah das Paar auf dem Brautlager liegen. Ich konnte mich nicht enthalten, bei diesem Schauspiel Tränen zu vergießen«[184], sagt Justus Jonas beim festlichen Frühstück am folgenden Mittwochmorgen. Das anrührende »Schauspiel« wurde normalerweise sehr rituell zelebriert: Die Trauzeugen geleiten das geschmückte Paar ins Schlafzimmer; es gibt eine kurze Ansprache (vom Beilager der Herzogin Margarete von Braunschweig-Lüneburg mit ihrem Johann Casimir von Sachsen-Coburg ist eine »Christliche Ermahnung, geschehen vor der Copulation am 16. Septembris 1599« bekannt), dann wird das Paar entkleidet[185] und »unter ihre erste gemeinsame Decke gesteckt«. Von diesem Ritual übrigens stammt unsere umgangssprachliche Redewendung »unter einer Decke stecken«.

Auch Luther selbst ist es wichtig, den Vollzug zu melden. Am 15. Juni 1525 schreibt er an die Stadträte seiner Geburtsstadt, Rühel, Thür und Müller, nach Eisleben: »Wohlan, so will ich mich bereit machen, vor meinem Ende (Luther ist 42, die Lebenserwartung liegt bei Mitte vierzig) in dem von Gott erschaffenen Stande gefunden zu werden (als Ehemann leben), auf dass nichts von meinem früheren papistischen Leben (als papsttreuer Mönch) an mir übrig bliebe. So habe ich mich nunmehr nach dem Begehren meines lieben Vaters verehelicht (aha, Hans Luther war dagegen, dass sein Sohn Single bleibt) und um dieser bösen Mäuler willen in Eile *das Beilager abgehalten.*«[186]

Um welcher bösen Mäuler willen?

Als inzwischen prominente Figur steht Luther unter öffentlicher Beobachtung, erst recht durch seine Kritiker und Gegner. Ausgerechnet der große Humanist Erasmus von Rotterdam hatte das Gerücht verbreitet, Luther sei im Umgang mit Frauen kein Kind von Traurigkeit.[187] In der Kleinstadt Wittenberg erinnert man sich, Katharina habe was mit dem wohlhabenden Patriziersohn Hieronymus Baumgärtner aus Nürnberg gehabt.[188] Oder mit dem Pfarrer von Orlamünde, Kaspar Glatz.[189] Wenige Wochen nach der offiziellen Hochzeit von Martin und Katharina geht die Vermutung um, die beiden hätten heiraten »müssen«, da sei schon was Kleines unterwegs. (Zum Glück wurde Johannes Luther, ihr erstes Kind, fast auf den Tag genau *zwölf Monate nach* der Hochzeit geboren, am 7. Juni 1526 ...) Noch 200 Jahre später behauptet ein katholischer Theologe, Luther sei »nächtlicherweile aus dem Kloster hin und wieder spatzenmausen gegangen bei einer Witfrauen Tochter«[190] (habe eine Affäre mit der Tochter einer Witwe gehabt). Daraus sei ein kleiner Andreas entstanden, den Katharina von Bora als Kuckucksei akzeptiert habe, großzügig wie sie war. Nett, oder?

Tatsächlich hat ein Kind namens Andreas eine Zeit lang im Hause Luther gelebt: Katharinas Neffe Andreas Kaufmann, der jüngste Sohn ihrer Schwester!

Luther schätzt die öffentliche Meinung völlig richtig ein: Ein Mann, der Kaiser und Papst aushebelt, uralte Glaubenssätze widerlegt, heilige Riten für überflüssig erklärt, seine Mönchskutte an den Nagel hängt und jetzt auch noch heiratet – dem ist alles zuzutrauen. Womöglich gar eine »copula carnalis«, eine körperliche Vereinigung ohne rechtlichen Rahmen.

Die Gerüchteküche brodelt. Luther löscht sie kalt ab, indem er das amtlich korrekte »Beilager« mit Katharina vollzieht und – sogar drüber redet.

Gibt es kulturelle Reste dieses seltsamen Brauchs noch heute? Ja, mindestens zwei: Wenn am Morgen nach der Hochzeitsnacht in osteuropäischen Dörfern ein Bettlaken über die Dorfstraße gehängt wird, am besten mit Blutfleck von der Entjungferung ... Und: Wenn der Brautvater in der Kirche seine Tochter dem Bräutigam »übergibt«, denken wir heute an Hollywoodkitsch. Es wurzelt aber in der Übergabe der Vormundschaft eines Vaters für seine Tochter an seinen Schwiegersohn. Um nichts anderes ging es im »Beilager«: Rechtsnachfolge.

Statt aus dem Abstand von 500 Jahren den Kopf zu schütteln, lohnt sich ein kurzer Blick auf die berühmte Frage, wann Geschlechtsverkehr »vor-ehelich« ist beziehungsweise wann eine gültige Ehe beginnt. Zu Zeiten Luthers gab es keine standesamtliche Trauung. Einen Trauschein besaß auch niemand. Die kirchliche Trauung hatte nur eine geistliche, keine juristische Bedeutung (das ist heute noch so) und sie »scheint lange Zeit erst *nach* dem vollzogenen Beilager hinzugetreten zu sein«[191], schreibt Rechtshistoriker Jakob Grimm 1828 und erzählt damit keine Märchen. Der eigentlich »gültige« Eheschluss war das Beilager, nicht die Trauung. Bei Luthers übrigens auch: Offiziell kirchlich geheiratet haben Martin und Katharina erst am 27. Juni 1525.

Die Gerüchteküche brodelt. Luther löscht sie kalt ab, indem er das amtlich korrekte »Beilager« mit Katharina vollzieht und – sogar drüber redet.

Luther empfahl Ehemännern eine Zweitfrau

Dieser Irrtum hat einen ebenso spannenden wie typischen Ursprung: Schon vor seiner Heirat am 13. Juni 1525 war Luther für seine Studenten, seine Wittenberger Kirchgänger und eine rasant wachsende Schar von Ratsuchenden nah und fern ein gefragter Seelsorger. »Ich kann kaum alle Briefe bestreiten (beantworten), so viele Sachen und Fälle liegen bei mir auf dem (am) Hals, sonderlich der Ehe und des Priestertums«[192], klagt er 1524 seinem Freund Martin Bucer. Dass sich Menschen in ihren Ehe-, Sexualitäts- und Beziehungsproblemen ausgerechnet an Mönche wenden – das hat sich in den letzten 500 Jahren nicht geändert. Fragen Sie mal Anselm Grün ...

Auch Luther veröffentlicht Ratgebertexte: »Ein Sermon vom ehelichen Stand« 1519, »Vom ehelichen Leben« 1522, »Von Ehesachen« 1524. Dazu seine Tischreden zum Thema und, eben, Tausende von Briefen. In dieser durchgängig völlig unbestreitbar *für* die lebenslange eheliche Treue plädierenden Literatur gibt es nur zwei Zitate, aus denen man Luther einen Strick drehen konnte: Als ein Mann darüber klagt, dass trotz all seiner charmanten Bemühungen seine Frau seit Jahren nicht mit ihm schlafe, warnt Luther sie mit den Worten »Hier ist's Zeit, dass der Mann sage: Willst du nicht, so will eine andere. Will Frau nicht, komm' die Magd.«[193] Das war keine Empfehlung an den Mann, sondern eine Warnung an die Frau.

Kniffliger ist da schon ein anderer Rat im umgekehrten Fall einer sexuell unbefriedigten Ehe*frau*: »Sie haben mir Schuld gegeben, ich soll gelehret haben, wenn ein Mann seinem Weib nicht genug des Kitzels stillen könnt', soll sie zu einem anderen laufen. Ich habe aber also gesagt: Wenn ein tüchtig Weib einen zur Ehe untüchtigen (impotenten) Mann bekäme und könnte keinen anderen nehmen und wollte auch nicht gegen die Ehre tun (ihn nicht öffentlich bloßstellen), dann möge sie zu ihm sagen: ›Siehe, lieber Mann, du hast mich um meinen jungen Leib betrogen und obendrein mich in Gefahr der Ehre und der Seelen Seligkeit gebracht (meinen guten Ruf und mein ewiges Leben gefährdet). Und ist vor Gott keine Ehe zwischen uns beiden, so vergönne mir (erlaube mir), dass ich mit deinem Bruder oder nächsten Freund eine heimlich Ehe habe und du den Namen habest (behältst), auf dass dein Gut nicht an fremde Erben komme (dein Besitz nicht an zufällige Seitensprungkinder geht). Lass dich also williglich (einvernehmlich) betrügen durch mich, wie du ja mich ohne meinen Willen schon betrogen hast.‹ Ich habe weiter gelehrt, dass der Mann es der Frau schuldet, darin einzuwilligen, um ihr die eheliche Pflicht und Kinder zu verschaffen.«[194]

Luther hatte offenbar die biblische »Levirats«- oder Schwagerehe (aus 5. Mose 25,5-6) vor Augen, in der es in erster Linie um den Erhalt des Familienerbes geht.

Hat es solche »modernen« Leviratsehen gegeben? Wahrscheinlich.

Sind die zwei Männer und ihre eine Frau damit glücklich geworden? Eher unwahrscheinlich. Aber wenn sich der erste Schaum unserer Irritation über dieses Lutherzitat gesetzt hat, können wir festhalten: Luther findet, Impotenz oder sexuelle Totalverweigerung seien auch eine Form von Betrogenwerden für die Partnerin. Er findet außerdem, eine Ehe, die juristisch aufrechterhalten und platonisch gelebt wird, sei immer noch besser als öffentliches Bloßstellen in einem Rosenkrieg, wildes Fremdgehen und letztlich Scheidung. Die wirtschaftliche Zukunft der Kinder (des Schwagers oder Freundes) wird dadurch gesichert, dass sie als Erben ihres (juristischen und sozialen) Vaters eingesetzt werden. Das Zitat bleibt ein Hammer, keine Frage. Es ist aber völlig eindeutig nicht als Norm, sondern als Notoperation in einer Zwangslage gesagt worden und tastet die Wertschätzung und Schutzwürdigkeit der Ehe gerade *nicht* an, im Gegenteil.

Ethische Gratwanderungen, Konflikte zwischen pragmatischen und Gewissens-Entscheidungen, Balanceakte zwischen gesundem Menschenverstand und religiöser Überzeugung, Güterabwägungen und Kompromisse – für Moralisten alles Teufelszeug. Ein Gräuel. Rigoristen und Radikale erhoffen sich von einfachen Schwarz-Weiß-Antworten die richtigen Lösungen. Die gibt es aber für Martin Luther immer seltener, seit er nicht nur Beichtvater des »einfachen Volkes«, sondern seelsorglicher Berater mächtiger Fürsten ist.

Dem Landgrafen Philipp von Hessen zum Beispiel verdankt Luther viel: 1521 beim Reichstag in Worms saß der noch auf der Seite des (katholischen) Kaisers Karl V. Drei Jahre später eine Kehrtwende: Philipp fördert und schützt die »Lutherischen«, siegt gegen rund 8000 aufständische Bauern in der Schlacht von Frankenhausen/Thüringen am 15. Mai 1525, enteignet die Klöster in Hessen, steckt das Geld in die Armen- und Krankenfürsorge und gründet 1527 die Universität Marburg, die erste evangelische Hochschule der Welt. Im Oktober 1529 ist Philipp von Hessen Gastgeber des »Marburger Religionsgesprächs« zwischen den (verstrittenen) Reformatoren Martin Luther und Ulrich Zwingli, weil er die junge und fragile Bewegung einigen will.

Schön für Luther. Aber im Dezember 1539 sitzt plötzlich Luthers Mitstreiter Martin Bucer aus dem Elsass am Tisch und lässt ausrichten, der Marburger Landgraf habe ein Gewissensproblem: Seit 15 Jahren ist er nun schon mit Herzogin Christine von Sachsen verheiratet, hat mit ihr sieben Kinder, ist aber todunglücklich. Jetzt hat er sich verliebt. In das neunzehnjährige sächsische Hoffräulein Margarete von der Saale. Sie als Mätresse zu halten (was unter Adligen üblich und nicht unbedingt rufschädigend gewesen wäre) käme für Philipp aus Gewissensgründen (!) nicht infrage. Seit Jahren habe er kein Abendmahl mehr genommen. Wenn doch ehrwürdige Figuren der Bibel »Kebsweiber« hatten – Abraham, Jakob, Gideon, Saul, David, Salomo –, gäbe es dann nicht auch für ihn, Philipp von Hessen, die Möglichkeit, Margarete legal als Zweitfrau zu heiraten, ohne sich von Christine scheiden zu lassen?

Luther berät sich mit Freund Melanchthon und – lehnt ab. No chance. Die Polygamie antiker hebräischer Nomadensippen taugt nicht zur theologischen Begründung einer Parallel-

Ehe heute. Aber Luther gibt Philipp von Hessen einen »Beicht-Rat« unter dem Siegel absoluter Verschwiegenheit: Der Wille Gottes ist und bleibt das treue Zusammenleben mit der Ehefrau. Statt aber nun in »lasterhafte Hurerei« und »Gewissenspein« zu stürzen, könnten Philipp und Margarete ihre Beziehung ja insgeheim als Ehe betrachten, auch wenn das weder theologisch noch juristisch noch öffentlich zu verantworten sei.

»Wenn einer eine Konkubine (Geliebte) hat, die er nicht ohne Gefahr öffentlich heiraten kann; und beide haben einander doch heimlich Treue geschworen, so ist das vor Gott ein rechte Ehe. Und ob es wohl ärgerlich ist, so schadet doch solcher Ärger nicht.«[195]

Allerdings: Landgraf Philipp hat heftige politisch-diplomatische Konsequenzen zu befürchten. Im Übrigen »weiß ich durch Gottes Gnade recht wohl zu unterscheiden, was in Gewissennöten von Gott aus zugelassen werden kann und was abseits solcher Nöte im Bestand und in der Ordnung der Welt nicht recht ist vor Gott!«, schreibt Luther später nach Marburg.[196]

Luther hat keine Zweitfrau empfohlen, sondern sie einem Verbündeten halbherzig zugestanden. Und ist trotz Einladung nicht zur Hochzeit erschienen.

Luther hat keine Zweitfrau empfohlen, sondern sie einem Verbündeten halbherzig zugestanden. Und ist trotz Einladung nicht zur Hochzeit erschienen. Bucer und Melanchthon schon: Sie sind dabei, als am 4. März 1540 Landgraf Philipp und Margarete von der Saale in Rotenburg/Hessen getraut werden!

Literaturverzeichnis

Die verwendeten Bücher zu Martin Luther und zur Reformation.

Ahrens, Donald: Die Wittenbergisch Nachtigall, Bergisch Gladbach 1982
Aland, Kurt (Hrsg.): Martin Luther. Tischreden, Stuttgart: Reclam 1960
Aland, Kurt (Hrsg.): Luther deutsch, Band 9: Tischreden, Göttingen 1983
Aland, Kurt (Hrsg.): Die Werke Martin Luthers, Band 10, Göttingen 1959
Bensing, M.: Thomas Müntzer und der Thüringer Aufstand, Berlin 1965
Bernhard, Marianne (Hrsg.): Martin Luther Hausbuch, Bindlach 1996
Birnstein, Uwe: Who is who der Reformation. Freiburg: Kreuz Verlag 2014
Birnstein, Uwe: Argula von Grumbach, Schwarzenfeld 2014
Bornkamm, Karin; Ebeling, Gerhard (Hrsg.): Martin Luther. Ausgewählte Schriften, Band V, Frankfurt: Insel Verlag 1983
Bornkamm, Heinrich: Das Augsburger Bekenntnis, Gütersloh: GTB Siebenstern 1980
Brecht, Martin: Martin Luther, Band 3, Stuttgart 1994
Brecht, Martin: Martin Luther. Ordnung und Abgrenzung der Reformation, Stuttgart 1986
Brüllmann, Richard: Lexikon der treffenden Martin-Luther-Zitate, Thun 1983
Dithmar, Reinhard (Hrsg.): Durch Gottes Gnade bin ich wohlauf, Leipzig 2008
Diwald, Hellmut: Luther. Eine Biographie, Bergisch Gladbach 1996
Ebert, Klaus: Thomas Müntzer. Von Eigensinn und Widerspruch, Frankfurt 1987
Ellinger, Walter: Thomas Müntzer. Leben und Werk, Göttingen 1975
Fausel, Heinrich: D. Martin Luther. Sein Leben und Werk, Band 2, Stuttgart 1996
Franz, G.; Kirn, P. (Hrsg.): Thomas Müntzer, Schriften und Briefe, Gütersloh 1968
Friedenthal, Richard: Luther. Sein Leben und seine Zeit, München 1990
Goertz, Hans-Jürgen: Thomas Müntzer. Mystiker, Apokalyptiker, Visionär, München 1989

Henkys, Jürgen (Hrsg.): Luthers Tischreden, Frankfurt: edition chrismon 2003

Hürlimann, Martin (Hrsg.): Martin Luther: Dargestellt von seinen Freunden und Zeitgenossen, Berlin 1933

Joestel, Volkmar: Legenden um Luther, Berlin 1992

Joestel, Volkmar: Thesentür und Tintenfaß: Legenden um Martin Luther, Berlin 1998

Kleinschmidt, Karl: Martin Luther, Berlin 1953

Köthe, Karl: Martin Luther und Luthergedankstätten in und um Eisenach, Göttingen 1994

Krumbholz, Eckart: Euch stoßen, daß es krachen soll, Berlin (Ost) 1983

Kunst, Hermann: Luther und der Krieg, Stuttgart 1968

Landgraf, Wolfgang: Martin Luther. Reformator und Rebell, Berlin (Ost) 1981

Luther, Johannes: Legenden um Luther, Berlin/Leipzig 1933

Luther, Martin: D. Martin Luther's Werke: Kritische Gesamtausgabe (Weimarer Ausgabe), Weimar 1883

Maess, Thomas (Hrsg.): Dem Luther aufs Maul geschaut, Leipzig 1982

Mayer, Hans: Martin Luther. Leben und Glaube, Gütersloh 1982

Möller, Bernd: Deutschland im Zeitalter der Reformation, Deutsche Geschichte, Band 4, Göttingen 1999

Müller, J. T. (Hrsg.): Die symbolischen Bücher der ev.-lutherischen Kirche, Stuttgart 1860

Neumann, Hans-Joachim: Luthers Leiden. Die Krankengeschichte des Reformators, Berlin 1995

Piltz, Georg: Daher bin ich, Leipzig 1983

Prause, Gerhard: Niemand hat Kolumbus ausgelacht. Fälschungen und Legenden der Geschichte, Düsseldorf 1995

Pustet, F. (Hrsg.): Bibliothek der Kirchenväter, Band 49, »Enchiridion« des Augustinus, ausgewählte Schriften, München 1925

Saager, Adolf (Hrsg.): Luther-Anekdoten, Stuttgart 1917

Schilling, Johannes: Luther zum Vergnügen, Stuttgart: Reclam 2008

Schloemann, Martin: Luthers Apfelbäumchen?, Göttingen 1994

Schmidt-König, Fritz: Käthe Luther. Die Weggenossin des Reformators, Lahr 1983

Schorlemmer, Friedrich: Hier stehe ich – Martin Luther, Berlin 2003

Süßenguth, Mario: Aus einem traurigen Arsch fährt nie ein fröhlicher
   Furz, Berlin 2007
Vogler, Günter: Thomas Müntzer, Berlin 1989
Winter, Ingelore: Katharina von Bora, Augsburg 2000
Wolf, Manfred: Thüringer Porträts, Gehren 1999
Wolf, Manfred: Luther mal anders, Leipzig 2009
Wolf, Manfred: Thesen und andere Anschläge, Leipzig: EVA 2005
Wolf, Manfred: Eine Frage noch, Herr Luther, Leipzig 2004
Zitelmann, Arnulf (Hrsg.): Ich, Martin Luther, Frankfurt: Eichborn 1982
Zitelmann, Arnulf: »Widerrufen kann ich nicht«, Weinheim/Basel 1983

Anmerkungen

1 Zit. n. Eckart Krumbholz: Euch stoßen, daß es krachen soll, Berlin (Ost) 1983, S. 28

2 Zit. n. Haringke Fugmann in »Psychologie & Seelsorge«, Bundes-Verlag Witten, Heft 3/2014, S. 37

3 Zit. n. Johannes Schilling: Luther zum Vergnügen, Reclam Stuttgart 2008, S. 170

4 Zit. n. Krumbholz, a. a. O. S. 65

5 Mario Süßenguth: Aus einem traurigen Arsch fährt nie ein fröhlicher Furz, Berlin 2007, S. 16

6 Krumbholz, a. a. O. S. 42

7 Krumbholz, a. a. O. S. 38

8 Krumbholz, a. a. O. S. 38/Manfred Wolf: Luther mal anders, Leipzig 2009, S. 222

9 Hellmut Diwald: Luther. Eine Biographie, Bergisch Gladbach 1996, S. 246

10 Wolf, Luther mal anders, Leipzig 2009, S. 222

11 Krumbholz, a. a. O. S. 40

12 Krumbholz, a. a. O. S. 46

13 Vgl. Schilling, a. a. O. S. 41

14 Schilling, a. a. O. S. 40

15 Zit. n. http://chrismon.evangelisch.de/artikel/2010/horoskop-und-genesis-1906

16 Zit. n. Klaus-Michael Kodalle: »Sünden vergeben leicht gemacht« in DIE ZEIT vom 28. 10. 2010, S. 64

17 Zit. n. Krumbholz, a. a. O. S. 13

18 Zit. n. Karl Peltzer: Das treffende Zitat, Bindbach o. J., S. 52

19 Georg Piltz: Daher bin ich, Leipzig 1983, S. 78

20 Donald Ahrens: Die Wittenbergisch Nachtigall, Bergisch Gladbach 1982, S. 48

21 Zit. n. Hans Mayer: Martin Luther. Leben und Glaube, Gütersloh 1982, S. 58

22 Manfred Wolf: Thesen und andere Anschläge, Leipzig: EVA, 2005, S. 125

23 Karl Peltzer, a.a.O. S. 54
24 Krumbholz, a.a.O. S. 143
25 Zit.n. Martin Schloemann: Luthers Apfelbäumchen?, Göttingen 1994, S. 28
26 Zit.n. Gottfried Benn im Brief an Thilo Koch am 26.5.1950 in Gottfried Benn, Ausgewählte Briefe, Wiesbaden 1957, S. 191 ff.
27 Hoimar von Ditfurth: So laßt uns denn ein Apfelbäumchen pflanzen, Lingen Verlag, Köln 1985
28 Zit.n. Süßenguth, a.a.O. S. 16
29 Kurt Aland (Hrsg.): Martin Luther. Tischreden, Reclam, Stuttgart 1960, S. 289
30 Zit.n. Manfred Wolf: Thesen, a.a.O. S. 132
31 Gesamtedition der Werke Luthers (WA), Band 52, Weimar 1883, S. 384
32 Zit.n. Marianne Bernhard (Hrsg): Martin Luther Hausbuch, Bindlach 1996, S. 57f.
33 Arnulf Zitelmann (Hrsg.): Ich, Martin Luther, Frankfurt: Eichborn 1982, S. 57
34 Volkmar Joestel: Thesentür und Tintenfaß: Legenden um Martin Luther, Berlin 1998, S. 26
35 Zit.n. Martin Hürlimann (Hrsg): Martin Luther: Dargestellt von seinen Freunden und Zeitgenossen, Berlin 1933, S. 101 ff.
36 Volkmar Joestel: Legenden um Luther, Berlin 1992, S. 69
37 Marianne Bernhard, a.a.O. S. 584
38 Georg Piltz, a.a.O. S. 7f.
39 Georg Piltz, a.a.O. S. 128
40 Zit.n. Eckart Krumbholz, a.a.O. S. 242
41 Ebenda
42 Friedrich Schorlemmer: Hier stehe ich – Martin Luther, Berlin 2003, S. 149
43 Richard Brüllmann: Lexikon der treffenden Martin-Luther-Zitate, Thun 1983, S. 25
44 Thomas Maess (Hrsg.): Dem Luther aufs Maul geschaut, Leipzig 1982, S. 77
45 Richard Brüllmann, a.a.O. S. 78
46 Johannes Luther: Legenden um Luther, Berlin/Leipzig 1933, S. 22
47 Sprachforscher Prof. Wolfgang Mieder in ZEITmagazin 47/11, S. 17

48 Zit. n. Wolf, Luther, S. 128

49 Karl Kleinschmidt: Martin Luther, Berlin 1953, S. 74

50 Arnulf Zitelmann: »Widerrufen kann ich nicht«, Weinheim/Basel 1983, S. 21

51 Zit. n. Wolf, Thesen, S. 28

52 Zit. n. Hans Mayer, a. a. O. S. 110

53 Karl Köthe: Martin Luther und Luthergedenkstätten in und um Eisenach, Göttingen 1994, S. 104

54 Zit. n. Manfred Wolf: Luther, a. a. O. S. 273

55 Zit. n. Autorenkollektiv: Die deutsche Sprache, Leipzig 1959, S. 474 (ergänzt JK)

56 M. Luther: Sendbrief vom Dolmetschen, zit. n. G. Hörster: Markenzeichen bibeltreu, Witten 1990, S. 31

57 Ina Friedrich, Stefan Schank: Anekdoten, Genf 1997, S. 337

58 Georg Piltz: Daher bin ich, Leipzig 1983, S. 132

59 Zit. n. Wolfgang Landgraf: Martin Luther. Reformator und Rebell, Berlin (Ost) 1981, S. 106

60 Zit. n. Hans Mayer, a. a. O. S. 249

61 Zit. n. Mario Süßenguth, a. a. O. S. 1

62 Zit. n. Wolf: Luther, S. 86

63 Ebenda S. 85

64 Jürgen Henkys (Hrsg.): Luthers Tischreden, Frankfurt: edition chrismon 2003, S. 14

65 Ebenda S. 14

66 Zit. n. Jürgen Henkys, a. a. O. S. 144/285

67 Zit. n. Manfred Wolf: Eine Frage noch, Herr Luther, Leipzig 2004, S. 26

68 Karin Bornkamm, Gerhard Ebeling (Hrsg.): Martin Luther. Ausgewählte Schriften, Band V, Frankfurt: Insel Verlag 1983, S. 77

69 Zit. n. Uwe Birnstein: Who is who der Reformation, Freiburg: Kreuz Verlag 2014, S. 59

70 F. Pustet (Hrsg.): Bibliothek der Kirchenväter, Bd. 49, »Enchiridion« des Augustinus, ausgewählte Schriften, München 1925

71 Zit. n. J. T. Müller (Hrsg.): Die symbolischen Bücher der ev.-lutherischen Kirche, Stuttgart 1860 (vgl. http://www.glaubensstimme.de/doku.php?id=autoren:l:luther:d:das_taufbuechlein)

[72] Berthold Altaner (Hrsg.): Theologische Real-Enzyklopädie, Bd. 18, Freiburg 1978, S. 667

[73] Zit. n. Heinrich Bornkamm: Das Augsburger Bekenntnis, Gütersloh: GTB Siebenstern 1980, S. 20

[74] Zit. n. Hans Mayer, a. a. O. S. 72

[75] Mayer, a. a. O. S. 73

[76] Zit. n. Mario Süßenguth: Aus einem traurigen Arsch fährt nie ein fröhlicher Furz, Berlin 2007, S. 47

[77] Zit. n. Mario Süßenguth, a. a. O. S. 50

[78] Ebenda

[79] Zit. n. Reinhard Dithmar (Hrsg.): Durch Gottes Gnade bin ich wohlauf, Leipzig 2008, S. 36

[80] Zit. n. Reinhard Dithmar, a. a. O. S. 35 f.

[81] Zit. n. Hans Mayer: Martin Luther. Leben und Glaube, Gütersloh 1982, S. 136

[82] Mario Süßenguth, a. a. O. S. 84

[83] Hans Mayer, a. a. O. S. 136

[84] Ebenda

[85] Zit. n. Fritz Schmidt-König: Käthe Luther. Die Weggenossin des Reformators, Lahr 1983, S. 20

[86] Zit. n. Hellmut Diwald, a. a. O. S. 246

[87] Zit. n. Eckart Krumbholz, a. a. O. S. 108

[88] Arnulf Zitelmann: Ich, Martin Luther, Frankfurt 1982, S. 16

[89] Zit. n. Schilling, a. a. O. S. 69

[90] Zitelmann: Ich, Martin Luther, a. a. O. S. 14

[91] Zit. n. Jürgen Henkys, a. a. O. S. 149

[92] Zitelmann: Ich, Martin Luther, a. a. O. S. 14

[93] Zit. n. Ingelore Winter: Katharina von Bora, Augsburg 2000, S. 134

[94] Zit. n. Kurt Aland (Hrsg.): Luther deutsch, Band 9: Tischreden, Göttingen 1983, S. 274

[95] Zit. n. Heinrich Fausel: D. Martin Luther. Sein Leben und Werk, Band 2, Stuttgart 1996, S. 92

[96] Zit. n. Zitelmann: Ich, Martin Luther, a. a. O. S. 21

[97] Zit. n. Martin Brecht: Martin Luther, Band 3, Stuttgart 1994, S. 235

[98] Zit. n. Fritz Schmidt-König, a. a. O. S. 37

[99] Zit. n. Adolf Saager (Hrsg.): Luther-Anekdoten, Stuttgart 1917, S. 187

[100] Zit. n. Friedrich Schorlemmer, a. a. O. S. 136

[101] Zit. n. Ingelore Winter, a. a. O. S. 25 und 26

[102] Wolf, Luther, S. 223

[103] Zit. n. Kurt Aland (Hrsg.): Die Werke Martin Luthers, Band 10, Göttingen 1959, S. 146

[104] Zit. n. Fritz Schmidt-König, a. a. O. S. 17

[105] Ebenda

[106] Wolf, Thesen, S. 82

[107] Zit. n. Uwe Birnstein: Argula von Grumbach, Schwarzenfeld 2014, S. 67 f. und Manfred Wolf, a. a. O. S. 160

[108] Georg Piltz, a. a. O. S. 118

[109] Zit. n. Kurt Aland (Hrsg.): Martin Luther. Tischreden, Stuttgart: Reclam 1960, S. 286

[110] Ingelore Winter, a. a. O. S. 29

[111] Zit. n. Adolf Saager, a. a. O. S. 93

[112] Zit. n. Jürgen Henkys, a. a. O. S. 28

[113] Ebenda

[114] Deutsche Reichstagsakten, Jüngere Reihe, Band 2, S. 581, Zit. n. Ernst Wolfgang Böckenförde: Geschichte der Rechts- und Staatsphilosophie, Tübingen 2002, S. 375

[115] Zit. n. Jürgen Henkys, a. a. O. S. 29

[116] Ebenda

[117] Ebenda

[118] Zit. n. Heinrich Heine: Sämtliche Werke, Band 3, Augsburg 1998, S. 25

[119] Zit. n. Günther Renner (Hrsg.): Klassiker deutschen Denkens, Band 2, Freiburg/Basel/Wien 1992, S. 303

[120] Zit. n. Hans Mayer, a. a. O. S. 29

[121] Zit. n. Hans Mayer, a. a. O. S. 28

[122] Zit. n. Hans Mayer, a. a. O. S. 39

[123] Zit. n. Hans Mayer, a. a. O. S. 43 und S. 49

[124] Hans Mayer, a. a. O. S. 40

[125] Gesamtausgabe der Werke Luthers (WA), Weimar 1883, Band 1, Kapitel 2, S. 1 und 2

[126] a. a. O. S. 16

[127] a. a. O. S. 8

[128] Zit. n. Hans Mayer, a. a. O. S. 126

[129] Zit. n. Hans Mayer, a. a. O. S. 121

[130] Zit. n. Hans Mayer, a. a. O. S. 125
[131] Zit. n. Hans Mayer, a. a. O. S. 123 f.
[132] Franz Mehring: Gesammelte Schriften, Band 5a, Berlin: Dietz 1975, S. 250 und 251
[133] Zit. n. Hans Mayer, a. a. O. S. 124
[134] Zit. n. Günther Renner, a. a. O. S. 303
[135] Hermann Kunst: Luther und der Krieg, Stuttgart 1968, S. 20
[136] Karl Köthe, a. a. O. S. 104
[137] Bernd Möller: Deutschland im Zeitalter der Reformation, Deutsche Geschichte, Band 4, Göttingen 1999, S. 90
[138] Jan van Flocken: Wie Luthers Bibel unsere Sprache prägt in DIE WELT vom 25. Jan 2008
[139] Zit. n. Hans Mayer, a. a. O. S. 112
[140] Ebenda
[141] Zit. n. Eckart Krumbholz, a. a. O. S. 19
[142] Günter Vogler: Thomas Müntzer, Berlin 1989, S. 107
[143] Walter Ellinger: Thomas Müntzer. Leben und Werk, Göttingen 1975, S. 56/57
[144] a. a. O. S. 384
[145] Hans-Jürgen Goertz: Thomas Müntzer. Mystiker, Apokalyptiker, Visionär, München 1989, S. 36
[146] Zit. n. Weimarer Gesamtausgabe der Werke Luthers, Band 18, Weimar 1883, S. 357 ff.
[147] Zit. n. Karin Bornkamm, Gerhard Ebeling (Hrsg.): Martin Luther. Ausgewählte Schriften, Frankfurt 1982, Band IV, S. 135
[148] Zit. n. Günter Vogler, a. a. O. S. 218
[149] Zit. n. G. Franz/P. Kirn (Hrsg.): Thomas Müntzer, Schriften und Briefe, Gütersloh 1968, S. 329
[150] Zit. n. Günter Vogler, a. a. O. S. 244
[151] M. Bensing: Thomas Müntzer und der Thüringer Aufstand, Berlin 1965, S. 225, Anm. 53
[152] Zit. n. Walter Ellinger, a. a. O. S. 821 f.
[153] Walter Ellinger, a. a. O. S. 821 f.
[154] Zit. n. Sendemanuskript SDR 3, 17. Juni 89, 8.05 Uhr, Wdh. 25. 5. 1990, Beitrag I.4 S. 1
[155] Zit. n. Weimarer Ausgabe, Band 8, S. 637
[156] Zit. n. Marianne Bernhard, a. a. O. S. 568

[157] Zit. n. Marianne Bernhard, a. a. O. S. 22 und 23

[158] Zit. n. Adolf Saager, a. a. O. S. 92 und 93

[159] Zit. n. Wolfgang Landgraf, a. a. O. S. 164

[160] Zit. n. Hans Mayer, a. a. O. S. 92

[161] Zit. n. Richard Friedenthal: Luther. Sein Leben und seine Zeit, München 1990, S. 373

[162] Schilling, a. a. O. S. 25

[163] Ludwig Reiners: Stilkunst. Ein Lehrbuch deutscher Prosa. München 1991, S. 192

[164] Zit. n. Wolf: Luther, S. 285 ff.

[165] Zit. n. DIE WELT vom 25. 2. 2010, S. 1

[166] Zit. n. Wolf: Luther, S. 235

[167] Zit. n. Gerhard Prause: Niemand hat Kolumbus ausgelacht. Fälschungen und Legenden der Geschichte, Düsseldorf 1995, S. 81

[168] Zit. n. Hans Mayer, a. a. O. S. 61

[169] Zit. n. Hans Mayer, a. a. O. S. 59

[170] Zit. n. Reinhard Dithmar, a. a. O. S. 14

[171] Gerhard Prause, a. a. O. S. 88

[172] Zit. n. Adolf Saager, a. a. O. S. 65

[173] Adolf Saager, a. a. O. S. 65

[174] Wolf: Thesen, S. 127

[175] Heinrich Heine: Sämtliche Werke, Band 3, Augsburg 1998, S. 16

[176] Zit. n. Schilling, a. a. O. S. 103

[177] Zit. n. Manfred Wolf: Thüringer Porträts, Gehren 1999, S. 632

[178] Hans-Joachim Neumann: Luthers Leiden. Die Krankengeschichte des Reformators, Berlin 1995, S. 144

[179] Kurt Fassmann (Hrsg.): Die Großen der Weltgeschichte, Zürich, S. 144

[180] Zit. n. Kurt Aland (Hrsg.): Luther deutsch. Band 9: Tischreden, Göttingen 1983, S. 289

[181] Zit. n. Christoph Dieckmann: Martini Himmelfahrt in DIE ZEIT vom 31. 01. 2013, S. 18

[182] Donald Ahrens, a. a. O. S. 251

[183] vgl. Christoph Dieckmann: Martini Himmelfahrt in DIE ZEIT vom 31. 10. 2013, S. 18

[184] Zit. n. Richard Friedenthal, a. a. O. S. 536 und 537

[185] Wolf: Luther, S. 227

[186] Zit. n. Heinrich Fausel, a. a. O. Band B, S. 91

[187] Wolf: Luther, S. 226

[188] Wolf: Luther, S. 227

[189] Martin Brecht: Martin Luther, Ordnung und Abgrenzung der Reformation, Stuttgart 1986, S. 194

[190] Volkmar Joestel: Thesentür, a. a. O. S. 25

[191] Jakob Grimm: Deutsch Rechtsalterthümer, Göttingen 1828

[192] Martin Brecht: Ordnung, a. a. O. S. 95

[193] Richard Friedenthal, a. a. O. S. 465

[194] Arnulf Zitelmann (Hrsg.): Ich, Martin Luther, Frankfurt 1982, S. 15

[195] Zit. n. Krumbholz, a. a. O. S. 112

[196] Zit. n. Hans Mayer, a. a. O. S. 263

Jonathan Aitken

Amazing Grace
und John Newton

Sklavenhändler, Pastor, Liederdichter

Gebunden, 15 x 21,6 cm, 552 Seiten
Nr. 395.541, ISBN 978-3-7751-5541-0
Auch als E-Book **e**

Amazing Grace – das weltweit meist gesungene Kirchenlied. Dahinter:
ein Leben wie ein Abenteuerroman. John Newton (1725–1807), zuerst
Sklavenhändler, dann Sklave, wird anglikanischer Priester und Kämpfer
für die Freiheit. Seine Lieder über die Gnade bewegen noch heute.
Mit einem Vorwort von Andreas Malessa.

Martin Dreyer

Martin Reloaded

Luthers Schriften für alle

Gebunden, 14 x 21,5 cm, 208 Seiten
Nr. 226.585, ISBN 978-3-4172-6585-9
Auch als E-Book **e**

Martin Dreyer, Erfinder der Volxbibel, entstaubt die Originalschriften
Luthers und holt sie durch seine moderne, lockere Sprache in unsere
Zeit. Entdecken Sie, wie aktuell und relevant die Gedanken des großen
Reformators auch heute noch sind und tauchen Sie ein in den Geist der
Reformation! Auch ein passendes Geschenk zur Konfirmation!

Bitte fragen Sie in Ihrer Buchhandlung nach diesen Büchern!
Oder schreiben Sie an: SCM Verlag, D-71087 Holzgerlingen;
E-Mail: info@scm-verlag.de; Internet: www.scmedien.de